Lettres ouvertes

Du même auteur

Œuvres complètes, « Bibliothèque européenne », Desclée de Brouwer.
Une mère en sa vallée, Fayard, 1978.
Paul VI secret, Desclée de Brouwer, 1980.
Portrait de M. Pouget, Gallimard, 1985.
Portrait de Marthe Robin, Grasset, 1985.
Un siècle, une vie, Robert Laffont, 1988.
Portraits et circonstances : chroniques, Desclée de Brouwer, 1989.
Dieu et la science : entretiens avec Igor et Grichka Bogdanov), Grasset, 1991.
L'Impur, Desclée de Brouwer, 1991.
Mon petit catéchisme : dialogue avec un enfant. Desclée de Brouwer, 1992.
Les Pouvoirs mystérieux de la foi : signes et merveilles (avec Jean-Jacques Antier), Perrin, 1993.
Justification du temps, PUF, 1993.

Documents Payot

Jean Guitton
de l'Académie française
Lettres ouvertes

Cet ouvrage est publié sous la direction
de Véronique de Bure-Matton

© Éditions Payot & Rivages
106, bd Saint-Germain, Paris VIe.

A la mémoire

*de mon père et de ma mère,
Auguste et Gabrielle*

et

de mon maître M. Pouget

A Marguerite-Marie

Préface

Cor ad cor loquitur *

Un soir de l'an passé, vous êtes venue me voir comme viennent les anges. Et vous m'avez demandé de vous écrire « quelques lettres ».

Dans ces lettres confidentielles, il s'agirait de dire tout haut, à la fin de ma vie, ce que je n'avais jamais osé dire tout bas, même à voix basse.

Et pour me donner un modèle, vous m'avez conseillé de relire la préface que La Fontaine

---

* C'est le cœur qui parle au cœur.

avait écrite pour recommander ses *Fables* aux gens de son siècle.

Premièrement, disait La Fontaine, il faut que la fable soit très courte.

Deuxièmement, il faut que la fable soit gaie, qu'elle nous donne un instant de bonheur.

Troisièmement (et c'est presque impossible et pourtant nécessaire), il faut que la fable vous touche au cœur.

« A qui donner le prix ? disait La Fontaine : *Au cœur si l'on m'en croit.* »

« Pendant votre longue vie, vous avez beaucoup écrit, me disiez-vous. Et c'était pour exposer vos pensées, pour tenter de convaincre. Ce que je viens vous demander est tout différent : il s'agit de nous faire entrer dans vos confidences.

« Je vous demande, au fond, de ne pas remplir une fonction, de ne pas jouer un rôle. Je vous demande d'être vous-même.

« Vous m'avez souvent cité la devise du cardinal Newman : *Cor ad cor loquitur*, c'est le cœur qui parle au cœur ». Et vous ajoutiez que c'était ce que tout homme devrait faire quand il parle à un autre homme.

« Que le cœur parle au cœur ! »

Je n'aimais pas écrire des lettres. Je suis un

homme d'entretiens, qui a toujours préféré un quart d'heure de conversation à une heure de lecture. Lorsque le téléphone est apparu, il a fait disparaître la lettre. Et j'ai toujours aimé entendre ceux que j'aime plutôt que de les voir sur le papier muet.

Qu'est ce qu'écrire une lettre ? Vous me disiez, pour me rassurer, que c'était « se laisser aller ». Et vous ajoutiez qu'à mon âge, c'était dire ce qui n'était pas exprimable. Car dans une communication, dans une conversation, dans tout notre être, il demeure un inexprimé, un non-dit : ce sont les *confidences*.
Et une lettre n'est bonne que lorsqu'elle est vraie et qu'elle révèle à autrui ce que l'on a jamais osé lui dire par la parole. Et, parmi les lettres, les meilleures seraient celles qu'on écrirait à l'âge où l'on n'a d'autre souci que d'être soi-même, c'est-à-dire d'être pleinement sincère. Alors, lettres, lignes et paroles s'accorderaient pour traduire une ineffable vérité.

Ces « confidences », je les destine surtout aux jeunes de ce vingtième siècle finissant, parce que les jeunes ont dans les mains l'avenir du monde.

Et jamais, dans la longue histoire humaine, l'avenir n'a été plus capital.

L'an 2000 est conventionnel. Mais tout millénaire réveille les passions, dont la principale est la terreur. Pour la première fois, peut-être, c'est aussi l'espérance...

Nous sommes à l'âge où l'homme s'évade enfin de son cachot, où il voit fuir les galaxies, où il se pose la question la plus insoluble, la plus excitante pour un être soumis au temps : *suis-je à la fin ou au commencement du monde ?* Une ère s'achève. L'accélération de l'histoire s'accentue. Tout se précipite vers un instant terminal, fatal et de plus en plus proche.

Est-ce pour finir et pour recommencer ? Suis-je le dernier ? Suis-je le premier homme ?

Question qui se pose aussi au chrétien. J'ai entendu Mauriac de sa voix brisée me dire : « Après tout, peut-être sommes-nous les premiers chrétiens ? »

Ainsi, ces lettres ne sont pas semblables aux autres *lettres*.

L'auteur d'une lettre sait à qui il s'adresse. Il fait une confidence ; puis il dissimule son secret dans une enveloppe, comme un trésor confié à un seul. Sous « l'Ancien Régime », sur l'enveloppe il frappait un *cachet*. Et j'ai vu jadis ma grand-mère faire ce geste rituel du cachet. Je respire encore, après tant d'années, cette odeur de cire.

Or ces lettres que vous m'avez prié d'écrire sont tout l'inverse des « lettres de cachet ». Souvent, j'ignore le nom, le visage de mon destinataire.

Et quand il s'est agi de les classer, je n'ai pas voulu faire un choix. J'ai laissé faire le hasard, à l'exemple de Montaigne, qui se disait primesautier, incapable de choisir, maître en nonchalance et ami des hasards.

Les voilà donc toutes rassemblées ces lettres qui, au fond, n'ont été écrites à personne, et qui sont les derniers reflets de mon mystère.

Il m'est arrivé qu'après avoir livré certaines confidences, j'ai voulu les détruire. Alors vous m'en avez dissuadé, disant qu'à la fin de la vie il faut oser tout dire.

Je suis à la fin de la vie. J'approche chaque jour du seuil. Je m'avance (avec curiosité, avec crainte, avec espérance) vers ce « royaume » où il n'y aura plus de confidences. Ou plutôt : où entre les êtres, devenus à jamais transparents les uns aux autres en Dieu, il n'y aura plus que des confidences...

Je vous remercie de m'avoir conduit à écrire ces lettres ultimes, avec l'impérieuse douceur de l'ange.
Votre nom ne signifie-t-il pas une *véritable image* ?

Le livre et l'écran

Voici venu un moment solennel dans l'histoire des hommes, celui où ce qu'on appelait un livre *va cesser d'être l'instrument privilégié de la communication.*

Qu'est-ce donc qu'un livre ? Le dictionnaire Robert dit que c'est « un assemblage de feuilles détachées destinées à être lues ».
Cet assemblage de feuilles détachées destinées à être lues va s'effacer devant le défilé d'images sur un écran. Nous allons assister à une révolution. Les signes vont disparaître pour laisser la place aux images.
Jusqu'alors, j'étais présent à l'univers par ces intermédiaires qu'on appelait des signes. Ces signes, qui avaient été inventés à Babylone, en Égypte ou

dans quelque caverne de la préhistoire étaient souvent tenus pour des signes sacrés. Ils étaient prononcés avec la mâchoire.

Maintenant, Signe, disparais, évanouis-toi dans le néant, tu vas être remplacé par une apparence plate ! Désormais, il n'y aura plus de signe. On ne verra plus ces lignes bizarres, magiques, occultes, irrationnelles qui s'interposent entre moi et les êtres. Désormais, tous auront la sensation devant l'écran d'être en présence de la chose même. Sensation qui sera plus forte lorsque, demain, les images projetées sur un écran seront en relief. Présence redoutable, délicieuse ou cruelle, qui changera la condition humaine.

Avant que le livre disparaisse à jamais, je désire te chanter, ô livre. Parce que tu as été pendant ma longue vie une voie vers le bonheur.

A l'école, dans la famille, partout, grâce à cet ensemble de signes noirs que j'épelais, il y avait un intervalle entre les choses et moi. Cet intervalle me donnait l'impression du bonheur. Lorsque entre celui qu'on aime et soi il n'y a plus d'intervalle, on entre dans le brouillard. Lorsqu'il n'y a plus le bonheur de l'attendre, ou la crainte de l'avoir perdu, lorsque nous sommes en présence d'un être, sans l'interposition des signes, alors il n'y a plus de bonheur.

Car le vrai bonheur est dans l'intervalle, dans la distance ; il se cache dans la privation. L'on aime d'autant plus les êtres qu'on ne peut pas les toucher, qu'on croit les avoir perdus, qu'on tend vers eux les mains. On pourrait même dire qu'on aime vraiment un être que lorsqu'il a disparu à jamais, lorsqu'il habite un mystère inaccessible.

*
* *

Proust raconte que la veille du jour de l'An, son professeur lui avait apporté un livre pour ses étrennes. Il s'agissait des Pensées *de Joubert.*

Proust lut le livre durant de longues heures. Lorsqu'il l'eut terminé, son maître vint lui dire : « Permettez-moi de vous le reprendre. » Et il reprit le livre.

A ce moment, Proust comprit ce que c'est qu'un livre. Il le comprit, parce qu'il n'avait gardé le livre que très peu de temps, parce qu'il pouvait toujours le « relire » dans sa mémoire, le faire vibrer par le souvenir. En lui retirant le livre, on lui avait permis d'accéder à ce je-ne-sais-quoi *qui vivra tou-*

jours dans la mémoire, peut-être dans la mémoire éternelle.

C'est dans la privation que nous savourons enfin l'essence de ce que nous aimons.

Qu'il sera beau ce jour où l'humanité, lasse d'être placée en face des « choses mêmes », réinventera, sous une forme pour nous inimaginable, les SIGNES *!*

Lettre à ma mère

M ère,

Vous m'avez souvent dit qu'une mère ressemble à Moïse. Elle meurt, sans avoir vu la Terre qui lui avait été promise. Et un fils, disiez-vous encore, doit poursuivre, achever l'œuvre de sa mère, si vite interrompue. Un fils doit tenter de faire ce que sa mère n'a pas fait. Car il peut fouler le sol de la *Terre promise*.

J'ai écrit sur vous le seul de mes livres qu'il m'arrive, le soir, de respirer. Je l'avais appelé : *Une mère en sa vallée*. J'avais tenté de raconter votre vie dans ce vingtième siècle, – sans ressemblance dans l'histoire humaine, par ses drames sanglants et par ses mutations.

Maintenant je tâche de récapituler ma vie, de la voir comme un film qui se déroulerait à l'envers. Ou plutôt, comme un point indivisible, qui se répéterait, comme une suite de hasards étranges.

D'abord, je songe au hasard de ma naissance : votre rencontre improbable avec celui qui est devenu mon père et dont je procède tout autant que de vous.

Vous ne connaissiez guère celui qui allait devenir mon père, sinon par trois *entrevues* : on ne faisait que « s'entrevoir » avant de s'épouser. Votre mariage eut lieu en la fête de l'ange Raphaël, le 24 octobre 1900, qui était (par hasard) le jour anniversaire de votre naissance. C'était au cœur de la vieille Auvergne, dans une petite église de Riom, célèbre par une statue de la « Vierge à l'Oiseau ». Cette Vierge – qui tient un oiseau dans sa main – semble sourire à cet oiseau-Dieu, issu de sa chair et qui l'a blessée.

Un soir, en captivité, nous avions cherché le premier *hasard* de l'existence : celui par lequel nous étions « venus au monde », par la première rencontre de notre mère et de notre père. Pour l'un, c'était un train manqué ; pour l'autre, un grain de beauté sous l'œil gauche d'une jeune fille... Pour l'autre encore, – comme l'a confessé Descartes –, « une fille qui louchait ».

Chacun de nous était donc un hasard longuement, lentement subsistant ! Mais tout ce qui m'entoure dans le monde, au ciel et sur la terre, n'est-il pas « fruit du hasard », comme l'on dit ? Telle est notre planète ; tel est le système solaire dans l'espace infini, telles sont les galaxies. Plus fantastique hasard, l'apparition des êtres vivants. Et je ne parle pas du hasard sublime entre tous les hasards, celui qui a produit l'homme, capable de penser et d'aimer.

S'il me fallait définir l'amour conjugal, je dirais que cet amour est « un hasard auquel le cœur a cru ».

Dans ma chaumière, au centre de la France, je contemple le paysage que vous avez tant aimé. Et il me semble que votre essence y demeure encore. Vous aviez piqué à l'aiguille la tapisserie de la *Dame à la licorne*, « point par point, disiez-vous, comme on tisse la vie ».

C'est dans ce paysage que vous avez tenté de m'apprendre ce que vous appeliez le « je-ne-sais-quoi » : ce je-ne-sais-quoi que la culture univer-

sitaire donne si peu. Vous étiez mon professeur
« naturel ».

Vous n'êtes jamais allée en classe. Selon
l'ancienne éducation des femmes – comme
Madame de Sévigné, comme George Sand.
Vous n'aviez aucun diplôme. Vous avez été instruite par le silence des champs, par la « pensée »
– si peu différente en vous de la prière. Les paysans qui vous croisaient sur les chemins
croyaient que vous étiez une sorte de fée.

Comment faisiez-vous pour m'instruire,
quand je revenais de classe ? En somme, votre
méthode était toute simple. Elle consistait à *causer toujours*, c'est-à-dire à ne jamais cesser d'être
soi-même. Quand vous aviez dix ans, on vous
avait demandé : « Quelle est votre occupation
préférée ? » Vous aviez répondu *la causerie*. On
vous avait aussi demandé « le roman le plus
sympathique ». Vous avez eu le toupet de
répondre : « Je n'en connais pas. »

Nous étions vous et moi deux élèves sans
maîtres, qui s'enseigneraient l'un l'autre.
Apprendre et enseigner, c'était un même acte.
Vous m'avez appris à lire, et lorsque j'appris le
grec, vous l'avez appris avec moi. Lorsque je
contemple ce tableau de Delacroix appelé *Anne
fait lire Marie*, où une enfant apprend à lire hors

d'une école, dans la solitude de la campagne, je me souviens de nos leçons de lecture. Et alors je me demande ce que serait devenue Marie sans cet enveloppement maternel de savoir et de tendresse muette.

Vous n'étiez pas tendre, par une sorte de pudeur. Vous ne m'avez guère embrassé. Vous me récitiez ces vers d'un poète oublié :

Les caresses des yeux sont les plus adorables,
Elles apportent l'âme aux limites de l'être...
Les baisers les plus purs sont grossiers
⏋auprès d'elles.

Vous étiez sévère, austère, droite même assise, comme je vous ai peinte sur une toile. Vous portiez des voilettes sur lesquelles étaient brodés des pois noirs qui dissimulaient votre regard, comme si vous étiez cloîtrée dans le monde.

Et pourtant, vous étiez gaie, plaisante, très drôle même, quand on vous demandait d'imiter un personnage : « Faites-moi Untel ! » vous criait-on.

Vous me saviez morose, tenté par la mélancolie ; Et vous me grondiez : « Cherche sans doute l'énergie et la foi, mais aussi, mais toujours, une fleur de grâce et de jeunesse ! »

Où êtes-vous, désormais ? Je me souviens de cette exclamation d'Énée à sa mère qui lui apparaissait sous l'image d'une chasseresse, dans un bois. *Quam te memorem Virgo !* « Comment t'appeler, ô Vierge ! » Ainsi chantait Virgile, faisant parler Énée, fils de Vénus. L'Évangile, disiez-vous, avait annoncé qu'après la mort, il n'y aurait plus de mariage (donc plus de fils, plus de mère) et que nous serions comme des anges, étant « fils de la Résurrection ».

Ainsi, vous me faisiez réfléchir à ce mystère ultime : quel sera l'état de nos corps, de nos âmes, après le passage du seuil suprême ?

Il vous arrivait de me citer, en latin, les vers de l'empereur Hadrien, dont vous disiez qu'ils traduisent la face païenne de la mort, désespérée. Hadrien s'adressait à son âme :

Hospes comesque corporis
Quæ nunc abibis in loca
Pallidula rigida nudila ?

Hôte et compagne de mon corps,
En quels lieux es-tu allée ?
Maintenant, tu es toute pâle,
toute raide, toute nue ?

Et vous ajoutiez : « Jésus nous a promis autre chose que " pâleur, raideur et nudité ". »

Le mystère de l'au-delà s'épaissit à mesure que l'on approche du dernier seuil. Vieillir, c'est voir Dieu de plus près. Avez-vous vieilli ?

Je ne vous ai pas vue vieillir. Vous êtes morte à cinquante-six ans. J'ai maintenant quatre-vingt-douze ans. Vous êtes un peu devenue mon enfant...

Jadis, vous me récitiez ces vers :

Vieillir, se l'avouer à soi-même et le dire
tout haut...
A chaque cheveu blanc se séparer d'un rêve,
Discrètement mourir, un peu comme
on s'endort,
Pour que les tout-petits ne versent pas
de larmes...

Je vais vous rejoindre. Alors, nous aurons le même âge ; enfin ! Repassant par la mémoire nos deux vies si entrelacées, je vous vois autour de moi toujours, mais sous des formes changeantes comme les saisons.

L'histoire d'un fils et de sa mère est celle d'une lente, d'une délicieuse métamorphose, depuis le temps où il était un peu de sa chair, jusqu'à l'âge où il peut tenir sa mère à son bras dans l'ombre d'une allée. Alors il s'entretient mystérieusement avec elle, comme avec son image, plus lourde d'âge, mais aussi plus légère, plus vive, plus pure que lui-même...

Pour finir cette lettre – qui ne finira jamais –, je me souviens des maximes que vous m'aviez fait apprendre « par cœur », et qui ont inspiré ma vie.

Dieu a fait le monde.
Et s'il n'avait fait que nos âmes ?

(Joubert.)

Il faut que l'harmonie se rétablisse entre les modernes sans foi, et les croyants sans modernité. Il faut que les premiers retrouvent Dieu et que les seconds marchent en avant sur la terre.

(Père Didon.)

Et plus encore :

Ne cherche pas à convaincre d'erreur ton adversaire, mais à t'unir à lui, dans une lumière plus haute.

(Lacordaire.)

Il m'arrive, à la fin de l'existence, de regretter mon silence dans les confidences. Je ne me suis guère révélé à vous. Et pourtant, à qui se confier, sinon à sa mère ?

Et cependant, si je vous avais confié la part la plus secrète de moi-même, je ne vous aurais rien appris que vous ne sachiez déjà.

Après le départ d'un être cher, d'un père, d'une mère, on a l'impression que l'essentiel n'a jamais été dit.

Mais un grand amour ne s'exprimera jamais ni dans une lettre ni dans mille lettres, ni dans une parole ni dans mille paroles. Et dans « la communion des saints », les différences sont abolies. Les absents habitent en nous, souvent plus présents que les vivants. Et ils nous préparent discrètement à cette vie supérieure où ils nous précèdent.

Nous sommes unis, ô ma mère pour toujours.

A un amoureux des jardins

Tout a commencé sur la terre par un jardin. On appelait ce jardin « le Paradis ».

Et Jésus agonisa dans un jardin, planté d'oliviers.

Et la philosophie, au temps de Platon, est née dans un jardin.

Toute destinée se résume par le passage d'un jardin à un autre jardin. Le hasard m'a conduit dans quelques jardins de cette planète pâle : le jardin « à la française », qui est une géométrie ; le jardin anglais, qui est une imitation de la campagne ; le jardin italien qui est une fantaisie ; le jardin japonais qui est un abrégé des jardins.

Et voulant figurer autour de ma chaumière de la Creuse (comme l'empereur Hadrien) les jardins que j'avais vus en ce monde, j'ai reproduit en miniature le jardin d'Akadémos, d'où est sortie la métaphysique ; la chapelle de Saint-Benoît, d'où est sortie la vie monastique ; la maison de Jeanne à Domrémy, d'où est sortie l'idée de patrie ; la grotte de Lourdes, d'où est sortie la piété mariale.

Partout où nous campons nous devrions planter un jardin : le plus humble des jardins est, comme une prunelle, le miroir du Tout.

Je te donne ce conseil en contemplant ce que j'imagine le plus beau des jardins de France : le jardin du Luxembourg, que je vois chaque jour s'illuminer à son aurore et s'obscurcir à son crépuscule.

Au Luxembourg, ce royaume composé de royaumes, je contemple un jardin anglais où la France honore ses poètes ; un jardin français où la France honore ses reines. Dans ce jardin du Luxembourg, Watteau a préparé *L'Embarquement pour Cythère*. Et Chateaubriand rêvait en allant chaque jour de la rue d'Enfer, où il laissait sa femme, au couvent où il allait contempler

Madame Récamier, et lire à ses privilégiés un chapitre de ses *Mémoires d'outre-tombe*.

Un jour, j'avais croisé dans ce jardin un distrait, le duc de Broglie, qui poursuivait la mécanique ondulatoire... Et je suis sûr que Pascal, lorsqu'il composait en secret les *Provinciales*, a traversé, en hâte, le jardin du Luxembourg.

Par ma fenêtre, je contemple les arbres du jardin du Luxembourg. L'arbre relie le plus bas au plus haut. Par ses racines, il suce le sol, et par ses feuilles, il boit le soleil. L'arbre plonge dans les ténèbres, expire dans la lumière. L'arbre est à l'image de chaque moment de ma vie où j'essaie d'extraire de moi quelque poussière pour la faire traverser par un rayon de lumière.

Dans nos campagnes, le printemps ne tient guère ses promesses. Les vacances de Pâques sont pluvieuses et froides. Le vrai printemps des arbres, c'est l'automne, quand ils se dépouillent, et que leurs feuilles semblent des feuilles d'or.

Mais c'est en hiver que je préfère les arbres, quand ils sont mis à nu et qu'ils laissent voir leur structure. Alors, leurs branches effeuillées sont, comme le disait Rilke, « des racines buvant les cieux ».

Lettre au peintre

Lorsqu'à l'âge de seize ans, Matisse tomba très malade, le médecin conseilla de lui acheter pour sa convalescence une boîte de couleurs, un pinceau et une palette. Dès lors, il eut, comme il dit, « un soleil dans le ventre ».

De même, Churchill, au milieu de sa vie, avait connu la satiété et le dégoût. On lui conseilla de peindre. Il apprit à dégorger sur sa palette un tube entier de couleur, à travailler la pâte avec une truelle.

Il aimait à dire qu'il y avait un rapport secret entre la peinture et la politique : dans ces deux domaines, il s'agissait de ne jamais perdre un échec, de toujours rattraper un accident.

Et Churchill racontait qu'il priait ainsi en secret : « Mon Dieu, si vous me recevez dans votre ciel, si vous m'introduisez à votre bonheur éternel, permettez-moi de peindre pendant les trois premiers millénaires. Permettez-moi de peindre pendant trois mille ans les choses de la terre que j'ai tant aimées. »

Je n'ai jamais connu d'ennui qu'un peu de couleur n'ait consolé.

Puis-je te confier que je me crois un peu artiste parce que je peins des aquarelles ?

Et lorsque je me demande quelle était ma vraie vocation, je me pose la question : étais-je fait pour écrire ou pour peindre ? Je compare, depuis soixante-dix ans, la difficulté de peindre à la difficulté d'écrire : mes deux métiers, mes deux tourments. Ma corbeille est remplie de mes brouillons. Mais lorsque j'ai une palette dans les mains, je me sens « porté » sans effort par le dieu des couleurs.

On m'avait appris dans les classes à choisir un sujet, à faire un dessin, à le colorier. Dès que j'ai pu m'évader des écoles, j'ai fait l'inverse. Pas de sujet ! Pas d'esquisse ! Pas de dessin ! Pas de dessin ! D'abord, une tache sur le papier blanc, dont je ne sais ce qu'elle est ni ce qu'elle sera. Et voici qu'apparaît une vague forme, jusqu'au moment où je sens que le sujet va naître, que je saurai ce que j'ai voulu dire.

Ce n'est pas autrement que je profère la moindre parole. J'entends le début de la phrase, dite un peu au hasard. Je ne sais ce que je veux dire que lorsque je l'ai dit.

Lorsqu'il s'est agi de savoir si j'étais fait pour l'École normale ou pour les Beaux-Arts, mes parents furent embarrassés. Ce qui les empêcha de me destiner aux Beaux-Arts, ce fut l'idée que je perdrais mon âme, si j'allais apprendre la peinture à Paris. La peinture était le royaume de la bohème. Mes parents ne voulaient pas que je sois un bohémien ; le royaume des couleurs me fut interdit.

Depuis cet interdit, la couleur m'a toujours parue désirable et mystérieuse. Et je me suis toujours demandé pourquoi il n'existait pas un soleil des sons comme il existe un soleil des choses. Aristote déjà remarquait que les objets sans couleur sont innombrables, qu'à chaque aurore il faut un soleil pour éveiller les belles endormies. Et moi, je me demande encore pourquoi le soleil réveille sans arrêt les couleurs endormies. Cela n'aurait-il pas été plus beau de laisser les choses dans le noir et le blanc ? Et quelle est la raison d'être des couleurs ?

Pourquoi ce luxe insensé, ce luxe inutile ? Il m'arrive de comparer la couleur à ce que les chrétiens appellent la *gloire*, cette splendeur gratuite née de la lumière, mais qui n'était pas indispensable.

La nature est avare, elle m'a ôté le royaume des sons. Or, bien souvent, ce que la nature nous a ôté, nos manques, nos insuffisances, nos échecs, est beaucoup plus important que ce qu'elle nous a donné, nos dons, nos victoires, nos triomphes. La musique est pour moi ce qu'est la mystique pour un athée intelligent. La beauté de la musique, je ne la sens pas avec mon corps. Je suis tenté de croire (comme Proust, comme Leibniz) que la beauté de la musique résulte d'une arithmétique profondément secrète, d'une application occulte de l'harmonie des nombres.

Moi qui ai tant réfléchi sur le mystère du temps, de la durée, de l'écoulement des choses, j'aurais sans doute trouvé dans la musique l'art le plus propre à traduire mon intuition. Qu'est-ce en effet que le temps, sinon une musique silencieuse, un concert ininterrompu ?

Et pourtant, à la fin de ma vie, je pense que, pour saisir le mystère ultime, la peinture est supérieure à la musique. Seule la peinture permet de deviner ce que le temps sera, lorsque la succession aura disparu, et que tout deviendra simultané.

Dans le domaine de la peinture, ce qui m'a paru le plus difficile, le plus enviable, le plus rare, c'est l'art du portrait. Il me semble que toute peinture devrait s'accomplir dans la peinture d'un visage humain. Je me suis exercé à peindre des visages.

Avouerais-je que je ne peux étudier un auteur philosophique (par exemple Spinoza, Pascal, Platon) sans figurer son visage sur du papier ? Puis-je te proposer quelques conseils sur l'art du portrait ?

Commence par les yeux. Observe que les deux yeux sont dissymétriques et cherche à traduire cette dissymétrie. (Par exemple, dans le regard de Bonaparte par David.) Après avoir fait les yeux dissymétriques, regarde la sinuosité des deux lèvres, qui sont aussi dissymétriques. Et puis, cherche à reproduire l'ovale du visage, avec ses deux parties, le visage droit et le visage gauche. Et remarque encore une fois que les deux parties du visage sont dissymétriques.

Quoi qu'il en soit de ces dissymétries, subordonne tout au seul regard, comme si le regard était le pôle du corps tout entier. L'œil ne cesse de regarder des regards. C'est tout le mystère silencieux de tout entretien entre les personnes, de toute « communication ».

Je ne peux finir cette lettre sans te dire un mot du dessin. Mes parents, selon l'ancienne éducation, pensaient qu'il fallait priver les enfants des choses qu'ils aimaient. Or comme j'aimais la couleur, ils me privèrent de la couleur, et je fus contraint à copier au crayon noir des cruches et des plâtres. Pour accéder à la révélation de la couleur, il fallait la recevoir comme une récompense après de longues fiançailles.

Je ne puis voir un être, une femme, sans tracer autour de son visage des contours, en partie imaginaires. Et la vue, qui repose la plupart des gens en leur faisant goûter une jouissance immédiate, ne me repose jamais. Ferme les yeux et tu verras !

Ainsi j'en reviens au mystère suprême, le mystère de l'*être*. Depuis la fin du Moyen Age, la philosophie s'est attachée à l'*esprit*. Elle a oublié l'*être*. Il est temps de redécouvrir l'être. La peinture et l'écriture, qui sont les vestales de la beauté, me mettent en présence de ce que tous les artistes cherchent en cette fin du vingtième siècle : la présence des « choses mêmes ».

Lettre à mon ange gardien

L̲orsqu'une personne, par de simples paroles, éveille en moi une émotion, soudaine, douce, un peu mélancolique et toutefois radieuse, qui me fait prendre conscience de ma destinée ; lorsque j'ai le désir de devenir ce que je suis, je me dis qu'a passé un Ange.

La visite de cet Ange est pleine d'humour et d'amour, surprenante, crépusculaire, semblable à celle de ce voyageur inconnu qui causait avec les Pèlerins en marche vers Emmaüs, et qui ne se fit connaître qu'en disparaissant.

On me disait jadis, au catéchisme, que j'avais un « ange gardien ». Et j'ai longtemps vécu avec l'impression qu'un protecteur habile et bien veillant me couvrait de son aile. L'aile a changé. Mais elle existe encore. Je sens son frôlement.

Qui es-tu ? Es-tu homme ? Es-tu femme ? Je ne sais. L'image que j'ai de toi est celle de l'androgyne de Léonard de Vinci, l'image de ces êtres qu'il n'a cessé de peindre, qui sont à la fois homme et femme.

Je t'imagine double. Fait de douceur et de vigueur, comme l'ange peint par Delacroix et qui terrasse Jacob. Tes ailes sont immenses, tes cheveux sont des rayons de lumière, ta face éblouissante est une lumière issue de la lumière. Je ne te vois point de bras, point de mains : tu es une flamme. Et, toujours, tu souris. Lorsque les sculpteurs t'ont représenté dans la pierre, ils t'ont donné le sourire, qui semble ton seul langage.

Que de poètes t'ont célébré ! Vigny, Lamartine, Claudel. Entre tous, Mallarmé et son disciple, Valéry, que Degas appelait « Ange ». Tous ceux qui ont voulu créer une nouvelle manière d'unir l'esprit à la lettre se sont inspirés de toi, le Silencieux, l'éternel.

Lorsque je me souviens de mon passé, cherchant les fissures où passa le bonheur, j'évoque les *rencontres*. Ma vie a été jalonnée de croisements avec certains êtres que j'ai rencontrés par hasard. C'est toi, j'imagine, ange vraiment gardien, qui as suscité ces improbables qui ont tissé ma destinée. Tu es ce visiteur inattendu, qui vient annoncer un bonheur. Comme l'ange Gabriel visitant Marie, la saluant comme « pleine de grâce », se projetant en elle et l'accueillant en lui.

Ange qui annonce l'improbable bonheur !
Ange de l'agonie, qui console le Christ dans sa passion, qui est témoin de son trouble et de sa sueur de sang !
Ange qui souris, même dans la sculpture. Ange de Reims, ange du Marthuret à Riom, la ville de ma mère. Ange qui fait sourire même la pierre !
Ange, ne m'oublie pas à mon heure dernière.

Parfois, il m'arrive de penser que ces êtres qui traversent nos nuits et que nul n'a pu toucher, que l'on appelle des « extraterrestres », ce sont peut-être des anges en visite sur la terre... Et lorsque je regarde les astres dans le ciel étoilé, j'imagine des myriades d'anges. Et alors j'ai peine à te voir solitaire.

Es-tu un ? Es-tu multiple ? Combien y a-t-il d'anges ? J'aurais tendance à croire que les anges sont une petite milice. La liturgie m'oblige à imaginer ces myriades d'anges : Chérubins, Séraphins, Trônes et Dominations !...

Voici comment Catherine de Gênes décrit les anges : « Quelques visages beaux, joyeux, avec deux yeux si simples, si purs, si nets, que je ne pouvais me contenir de rire. »

Alors que je doutais de ton existence, mon confrère Étienne Souriau, professeur d'esthétique en Sorbonne, m'a dit : « C'est votre foi chrétienne, qui vous fait croire aux anges. Mais vous devriez user aussi de votre raison. Et c'est par la raison que j'ai conclu à l'existence des anges.

» J'ai cherché (au-delà des symboles, des liturgies, des poèmes, des croyances et des gestes) le sens, l'idée, la signification ultime.

» Et je crois que, dans chaque continent, dans chaque nation, dans chaque province, dans chaque vie, dans chaque destinée individuelle, peut-être dans chaque heure qui passe, il existe un ange. »

Je cherche le mot le moins inexact pour définir l'office de l'ange. Je n'en trouve pas d'autre que celui-ci : GARDER. C'est la fonction que t'assigne la foi. L'ange garde.

Les lecteurs de mes livres savent que je cherche sans cesse à discerner, à définir ce qu'il y a d'Éternité dans le temps (comme Spinoza et tant d'autres l'ont fait), mais aussi, mais encore et plus encore (chose bien rare) *comment subsiste le temps dans l'Éternité...*

On comprendra que ma pensée ait salué l'Ange, en tant qu'il est un « agent de liaison » entre les deux royaumes, celui du ciel et celui de la terre.

Je t'imagine toujours occupé à relier et à réconcilier, à porter des messages, à unir, comme le disait Marthe Robin, « vers l'éternel amour et dans l'unité ».

Ô mon ange, garde-moi.

Lettre à un homme riche

Lorsque Mauriac allait à Lourdes, il ne pouvait se mortifier qu'à l'hôtel Hilton, le plus luxueux des hôtels. Pour se détacher des bas honneurs du monde, me disait-il, il fallait les posséder. Autrement, on mourrait d'envie. Pour pouvoir mépriser les richesses, il fallait être riche...

Je vais te raconter l'histoire d'un Sage grec assez cynique. Diogène avait décidé de manger dans une vaisselle de bois, lorsqu'il vit un enfant qui buvait l'eau d'une fontaine dans le creux de sa main. Diogène brisa l'écuelle, en disant : « Cet enfant m'apprend que je conserve encore des inutilités. »

Pascal écrivait à un grand seigneur, lui-même issu d'un grand seigneur : le fils aîné du duc de Luynes. « Vous tenez vos richesses, monsieur le duc, de vos ancêtres. Mais n'est-ce pas par mille hasards que vos ancêtres les ont acquises ? Et n'est-ce pas par mille hasards qu'ils les ont conservées ? L'ordre – ce que vous appelez un ordre – n'est fondé que sur la seule volonté des législateurs, qui ont pu avoir de très bonnes raisons, mais dont aucune n'est prise d'un droit naturel que vous auriez sur les choses que vous croyez posséder. S'il avait plu aux législateurs d'ordonner que les choses que vous croyez posséder, après avoir été possédées par vos pères durant leur vie, retourneraient à l'État après leur mort, vous n'auriez aucun sujet de vous en plaindre. »

Ces phrases révolutionnaires nous font bien sentir combien ce que nous appelons la *propriété* est une chose provisoire, aléatoire, fabriquée par les hommes, prêtée par Dieu. La vraie propriété n'est pas cela ; la vraie propriété c'est au fond ce que les chrétiens ont toujours pensé mais qu'ils n'ont jamais pratiqué : c'est un cadeau que Dieu nous a fait pour que nous enrichissions les pauvres.

Et Chateaubriand avait dit plus férocement : « Il y a des enfants que leur mère allaite de leurs mamelles flétries, faute d'une bouchée de pain, il y a des familles dont les membres sont réduits à s'entortiller ensemble pendant la nuit faute de couverture. » Et il ajoutait : « La trop grande disproportion des conditions et des fortunes a pu se supporter tant qu'elle a été cachée. Mais aussitôt que cette disproportion a été généralement aperçue, le coup mortel a été porté. Recomposez, si vous le pouvez, les fictions aristocratiques, essayez de persuader au pauvre lorsqu'il saura bien lire et ne croira plus, lorsqu'il possédera la même instruction que vous, essayez de le persuader qu'il doit se soumettre à toutes les privations tandis que son voisin possède mille fois le superflu, vous n'aurez qu'une dernière ressource, il vous faudra le tuer. »

Alors, je te laisse Pascal et Chateaubriand et je te conseille de les méditer.

Lettre à un ami allemand

A_{mi,}

Dans mon premier âge, avant donc la guerre de 1914, tu étais pour moi le type de l'ennemi héréditaire. Mes grands-parents me parlaient de la guerre de 1870. Et dans mes rêves d'enfant, je voyais des uhlans entrer dans nos villes endormies et les terroriser. J'avais peur des tiens.

La carte de France, exposée dans ma classe, était en deuil. La couleur violette de « l'Alsace et de la Lorraine » nous rappelait que ces provinces nous avaient été arrachées par la défaite des armes, et que nous étions appelés, nous enfants, lorsque nous serions grands, à réparer ce malheur.

Je t'appelais un « *boche* ». En somme, dans mon rêve d'enfant, ce que je désirais, c'était ta disparition. J'espérais qu'un jour j'aurais l'honneur de te mettre à mort.

Il est probable que les sentiments que j'exprime en essayant de traduire mon propre cœur étaient les mêmes que les tiens, lorsque tu pensais aux Français.
Nous ne savions pas, ou nous savions très mal, que quatre-vingt-trois intellectuels allemands en 1914 avaient signé un manifeste, où la France qui enrôlait des Sénégalais était jugée nation barbare.

Tout est changé. Nous ne sommes plus des guerriers opposés les uns aux autres. Nous sommes, en Europe, des frères. Sans doute des frères ennemis, comme l'ont été souvent les frères – je songe à Étéocle et Polynice, à Caïn et Abel. Nous sommes des frères ennemis. Nous sommes des ennemis frères. Mais les frères sont appelés à dépasser l'inimitié pour se réconcilier.

Il faut que je t'avoue quels ont été mes sentiments, lorsque la France, en 1940, a été envahie par l'Allemagne. Ce qui n'était jamais arrivé dans son histoire. Et cette histoire datait de plus de mille ans.

Lorsque les Allemands pénétrèrent chez nous, lorsque je les vis arriver dans la ville où je servais comme officier – qui était au centre de la France, Clermont-Ferrand – je ressentis une angoisse d'épouvante que je n'avais jamais connue. Je ne vois aucun mot pour la traduire, sinon celui de *stupeur*.

La *stupeur*, c'est un sentiment qui va au-delà de la peur. C'est un accablement, c'est une hébétude, qui est analogue à cette folie que donnent ces drogues qu'on appelle justement des *stupéfiants*.

La France, cette nation si ancienne, si noble, si sûre d'elle-même ; la fille aînée de l'Église ; la France qui, tant de siècles, avait été protégée par ses frontières ; la France qui, dans la dernière guerre, celle de 1914, avait abattu la plus puissante armée d'Europe, l'armée allemande, ton armée ; la France qui n'avait vu les cosaques ou les Prussiens défiler à Paris qu'épisodiquement ; la France qui avait signé la paix de 1918, croyant abolir les guerres à jamais par sa victoire, – voilà que, tout d'un coup, sans prodrome, sans préavis, elle se voit humiliée, fourvoyée, foudroyée par un caporal allemand. Dans les villes ouvertes, dans les campagnes désertes, mon pays paraissait mort.

Pourtant, il y avait en moi un rayon de lumière, une incertaine attirance, comme un germe, un timide amour de ton pays, l'Allemagne. Cet amour pour l'Allemagne était caché au cœur de mon cœur ; comme il était sans doute caché au cœur de la France.

J'étais professeur de philosophie. Et, chaque année, j'avais à commenter devant les étudiants de la Sorbonne le *Discours de la méthode*, qui est le plus célèbre texte de la « philosophie française ». C'est Descartes qui parle :

« J'étais alors en Allemagne à l'occasion des guerres qui n'y sont pas encore finies et le commencement de l'hiver m'arrêta en un quartier où ne trouvant aucune conversation qui me divertisse et n'ayant aucune passion pour me troubler, je demeurais toujours dans une espèce de poêle [c'est-à-dire dans une chambre très chaude]. »

Ainsi, Descartes était seul en Allemagne. Comme maintenant mon esprit est seul en Allemagne auprès de toi.

Et être seul en Allemagne pour un esprit français, c'est une condition favorable à la réflexion. Inversement, je l'espère, pour un esprit allemand qui se trouve seul en France avec un livre de Goethe ou de Nietzsche.

De sorte que nos deux nations, lorsqu'elles veulent aller au plus profond de leur intelligence, ont besoin de l'autre, pour être enfin pleinement elles-mêmes. C'est un paradoxe que cette attirance des génies germaniques pour la culture française, et des génies français pour la culture allemande.

Et je crois que le secret de cette double attirance est défini par cette pensée d'un Sage : « C'est vers le frère qu'il faut être généreux. Le frère est peut-être un ennemi intime. Mais, dans ce que le frère a de meilleur, il nous révèle le meilleur de nous-même, parce qu'il en est la moitié déchirée. »

Lettre au pape Jean-Paul II
Afin qu'il canonise des saints imitables
par tout le monde.

Très Saint Père,

Le mot de « sainteté » est un mot fort obscur.
D'abord, d'une manière très générale, on appelle « saints » tous les baptisés. Dans la fête de la « Toussaint », on les honore tous. Ce n'est pas le sens canonique. On appelle saints en ce sens spécial les fidèles qui, après un examen très sévère, ont été considérés comme des modèles ; bien plus, comme des intercesseurs. Ces saints-là, on ne prie pas pour eux. On *les* prie *pour nous.*

Très Saint Père, je voudrais vous présenter une requête : c'est de faire que les canonisations, demain, soient un peu différentes de ce qu'elles étaient hier. Je voudrais que l'on canonisât enfin des personnes qui sont semblables à nous autres, pauvres hommes de ce siècle difficile. Et, par exemple, je voudrais que l'on canonisât des pères de famille.

Vous allez me répondre que les procès de canonisation sont réglés par des obligations précises. La première est de constater que la personne a manifesté des vertus héroïques ; la deuxième, c'est qu'elle n'ait rien dit qui soit contraire à la foi catholique ; la troisième (et c'est probablement la plus difficile), c'est que Dieu ait montré par des signes évidents qu'il était favorable à cette canonisation : autrement dit, que cette personne ait fait ce qu'on appelle des « miracles ». Car c'est à Dieu que l'on fait appel pour décerner un si grand honneur.

Mais n'y a-t-il pas plusieurs genres de miracles ? Je prends l'exemple d'Ozanam, un laïque, marié, mort à quarante ans. Ozanam était un poète, un artiste, un écrivain. Ozanam a fondé, avec quelques amis, la « société de Saint-Vincent-de-Paul », qui constitue par elle-même ce que je nomme un miracle, c'est-à-dire un fait hautement improbable. En effet, le petit groupe des sept fondateurs, réunis en 1833 à Paris, a engendré une fraternité de quelque huit cent cinquante mille membres regroupés en plus de quarante mille conférences dans cent vingt pays des cinq continents. Ne peut-on pas tenir cela pour un fait souverainement improbable ?

Votre Sainteté a proposé de canoniser un rénovateur biblique, le père Lagrange. Or, la canonisation du père Lagrange serait un acte de grande portée. J'entends par là qu'elle abolirait un temps ancien de malentendus et qu'elle ouvrirait à l'avenir un temps nouveau.

Pourquoi ? Parce que, depuis la fin du Moyen Age, il existe un conflit lamentable entre la science et la foi : conflit de devoirs où la vérité semble s'opposer à la vérité.

Lorsque vous avez ouvert le procès du père Lagrange, j'ai conçu que c'était une date historique. Pour la première fois, on allait placer sur les autels un esprit critique. Le lamentable conflit, qui a pour symbole la condamnation de Galilée, ne pourra plus renaître.

En lisant l'Encyclique que vous avez placée sous le signe de Platon, *Veritatis Splendor*, j'ai pu espérer qu'elle inaugurait les siècles où la raison et la foi ne seront plus en désaccord, mais se compléteront et s'épanouiront l'une par l'autre, comme le désirait saint Augustin, la foi cherchant l'intelligence, – l'intelligence cherchant la foi.

La canonisation du père Lagrange, si elle se produit comme vous le souhaitez, sera donc comme une sorte d'aurore, comme la colombe qui sort de l'arche et, une fois de plus, Votre Sainteté apparaîtra sur cette planète comme celui qui ouvre les voies à l'avenir.

Lettre à la reine Fabiola

Carissima regina mea,

Paris a voulu honorer le roi Baudoin d'une manière intime et solennelle. Souffrant, je n'ai pu venir. Mais j'étais présent auprès de vous, Fabiola, d'une manière étrange, symbolique et profonde.

Car le général de Galbert, gouverneur des Invalides, m'avait prié de *peindre* le chemin de croix de la chapelle. Mais il avait fixé une condition préalable, qu'il jugeait indispensable. Cette condition était qu'il y eût *quinze stations* et non pas quatorze. Car, disait le général gouverneur des Invalides, le chemin de la croix doit s'achever dans la gloire. Et j'ai fait figurer dans ce chemin de croix, sur un panneau spécial, une Résurrection.

Alors je ne pensais pas que je traçais prophétiquement, ô Fabiola, votre pensée sublime qui est que la mort n'est pas la mort, mais l'origine de la Vie, que la foi se manifeste par l'Espérance et que le ciel est déjà sur la terre.

Vous l'avez appris au monde entier le jour des funérailles devant les plus hautes instances rassemblées par miracle autour de vous, autour du Roi plus présent dans la nation après sa mort qu'il n'avait été présent pendant sa vie.

A Rome, s'est ouvert un procès. Et à ce procès, tous ceux qui ont connu le Roi ont donc l'obligation d'apporter leur témoignage. J'ai envoyé au pape Jean-Paul II mon témoignage intime.

Je me souviendrai toute ma vie de notre première rencontre. Le Roi avait exprimé sa doctrine. Le Roi m'avait demandé quel était mon métier. J'étais alors professeur dans un petit lycée. Et je lui disais que sur l'échelle de Jacob, j'étais au plus bas, et lui au plus haut. Alors il m'avait répondu : « Avez-vous lu Pascal ? Et, dans Pascal, que les petites choses et les grandes choses sont identiques, et qu'il faut faire les petites choses avec grandeur, afin de mériter la grâce de faire les grandes choses avec facilité ? *Faire les petites choses comme grandes à cause de la majesté de Jésus-Christ qui les fait en nous, et qui vit notre vie ; et les grandes comme les petites et aisées, à cause de sa toute-puissance*.* »

Et le Roi m'exposa une spiritualité du laïcat, qui devait être au cœur du Concile. Que le temps des laïcs était enfin venu. Que le laïc devait avoir *l'esprit de sacrifice*.

Je l'écoutais en silence. Mais il se pencha vers moi, comme s'il voulait me prendre sous ses ailes. Et il me dit qu'il me guiderait dans les difficultés de la vie, en m'aidant à suivre *la voix de la conscience* ; qu'il serait en somme pour moi comme un « directeur de conscience ».

J'étais frappé par ce mot si laïc de *conscience*, qui revenait naturellement sur ses lèvres. Je ne pouvais prévoir que le devoir de conscience dût prendre pour lui, Roi, tant de dramatique gravité.

Mais l'expérience de la vie en ce siècle devait m'apprendre que, pour servir l'État, la Patrie, et à la limite l'Humanité, il est souvent plus difficile

---

* Pascal, *Pensées et opuscules*, éd. Léon Brunschvicg, Hachette-Classique, 1967.

de savoir où est son devoir que de faire ce devoir.

Le jour vint enfin où le Roi, qui plaçait la loi de la conscience au-dessus de tout, dut faire face à une crise de conscience singulière. Ce fut à propos de l'avortement, quand il refusa de suivre le vote des Chambres.

Je lui écrivis une lettre pour lui rappeler ce que Sophocle avait mis, quatre cents ans avant Jésus-Christ, dans la bouche d'Antigone : au-dessus des lois écrites, il y a des *lois non écrites* ; et ce sont ces lois qui expriment la liberté de la conscience : *agrapha nomina*.

Grave par nature et par sa fonction royale, le Roi était proche de tous, et davantage des petits, des défavorisés, des « marginaux ». S'il me fallait choisir un seul mot pour traduire l'impression qu'il me laissait, ce serait celui de *gentillesse*, au sens où Jeanne d'Arc parlait de son *gentil* dauphin.

Dans mon *Journal**, Fabiola, j'ai retrouvé ces lignes où je parlais de vous, il y a trente ans, à la date du 17 décembre 1965 : « La couleur de ses cheveux serait plutôt châtain et rose que jaune

---

* *Journal de ma vie : 1912-1971*, dans *Œuvres complètes*, Desclée de Brouwer, 1976.

et noire. Ses yeux ne sont pas noirs. Elle est vive ou plutôt vivace, décidée, directe, immédiate ; elle veut comprendre, elle pousse les choses et les idées jusqu'au bout. Elle est très espagnole : Chimène ? Chimène, ou plutôt Pauline de *Polyeucte*. Les problèmes les plus hauts l'attirent et la passionnent : la vérité, l'amour, la sainteté, la mort. On voit bien que sa vocation est mystique, vers le plus haut, vers l'envol le plus haut. Elle ne donne pas tant une impression de douceur et de grâce, mais plutôt d'intelligence et de vouloir. »

Le temps a passé. Fabiola. Vous n'avez pas changé.

Baudoin vous écoutait « comme une source supérieure et mystérieuse ». Il m'avait confié : « La vie avec elle est un bonheur. Il n'y avait qu'elle en Europe, et je l'ai trouvée. »

O Fabiola, Regina mea,
ora pro me Regem tuum.

Ô Fabiola, ma reine,
prie pour moi ton Roi.

Lettre au désespéré

Cher Jean-Jacques,

Tu m'as dit, cher Jean-Jacques, que tu avais l'intention de « mettre fin à tes jours ». Je t'ai cru sans te croire, mais mon cœur a tressailli, parce que je te suis attaché depuis de longues années et que ton épreuve est celle de notre jeunesse actuelle, en France, où il y a chaque année quarante mille tentatives de suicide et un million de morts.

Je t'ai raconté l'histoire de cet homme prévoyant qui avait absorbé du poison, s'était pendu au-dessus d'une rivière, avant de se tirer une balle dans la tête. Il avait toutes les chances de passer de ce monde à un autre monde.

Le coup partit, trancha la corde, le suicidé tomba dans l'eau et sauva sa vie.

Je t'ai demandé les raisons pour lesquelles tu voulais quitter ce monde. Tu m'as dit que la vie humaine était un cadeau empoisonné. Que tes parents t'avaient infligé ce fardeau sans te demander ton avis. Qu'ils t'avaient donc condamné à vivre dans cet affreux cachot qu'on appelle l'existence, où les maux sont bien supérieurs au bien et où les malheurs sont supérieurs au bonheur, comme l'ont proclamé les sages, depuis Job jusqu'à Nietzsche et Cioran. Tu m'as dit aussi que tu avais perdu la foi de ton enfance, enseignée par tes parents, contredite par tes maîtres. Et qu'alors, l'existence, vide de l'Espérance, t'apparaissait sombre et sans but.

Ainsi, à tes yeux, tes parents ont commis un crime en te concevant. Ton suicide serait alors un acte juste, réparateur, *rédempteur*, comme le disent les chrétiens lorsqu'ils parlent de la crucifixion.

Jésus ne s'est-il pas suicidé, puisqu'il a choisi de mourir ? De sorte que le gibet qu'adorent les chrétiens est une sorte d'appel au suicide : c'est le suicide d'un dieu.

« Je comprends parfaitement, m'as-tu dit, que Dieu, ayant fait le monde, ayant vu que le monde tournait si mal, se soit désespéré et qu'il ait, pour ainsi dire, mis fin à ses jours éternels.

» J'ai profondément réfléchi : mon suicide est un suicide "intelligent", profond, métaphysique – je dirais même un suicide mystique. Car quel est le sens de la vie humaine pour les chrétiens, sinon de nous faire rencontrer Dieu ? C'est la leçon de tous les mystiques, dans toutes les religions. Qu'est-ce que la mort pour un mystique sinon le moment béni de la rencontre éternelle avec le bonheur suprême ?

» Par conséquent, en me suicidant, je fais d'une manière délibérée ce que les saints ont fait : je me précipite vers ma fin dernière. Je supprime cet intervalle absurde qu'on appelle le temps. J'entre dans mon lieu véritable qui s'appelle l'Éternité. »

Mon cher Jean-Jacques, je t'ai écouté avec respect. En un sens, je crois que ton raisonnement est irréfutable puisqu'il consiste à supprimer le mal en un instant, à faire rentrer dans le néant ce que nous appelons « l'être temporel ».

Tu poses ainsi à mes yeux le problème des problèmes, à savoir celui de la signification de la vie humaine.

Si tu as raison de te suicider, c'est moi qui ai tort de ne pas me suicider.

Je me souviens d'un entretien que j'ai eu avec Albert Camus au moment où il écrivait le roman appelé *La Peste*. Camus prétendait que le problème du suicide résumait à lui seul tous les problèmes de la philosophie. Juger que la vie vaut ou ne vaut pas la peine d'être vécue, disait Camus, c'est répondre à la question fondamentale de toute philosophie. Et il posait la question suivante : Pourquoi, dans la douleur – et ici, il pensait aux pestiférés de son roman –, si l'on ne croit pas, ne pas s'éclipser ? Le philosophe du néant, s'il est logique avec lui-même, tend vers le suicide malgré son absurdité.

« Si l'on était athée et raisonnable, disait encore Camus, on aurait le devoir de mettre fin à ses jours. J'ai eu la tentation du suicide. Si je ne me suis pas suicidé (alors que la vie est absurde), c'est par pitié : je n'ai pas voulu quitter ces condamnés à mort qu'on appelle les hommes. »

Selon la morale, peut-on admettre la légitimité du suicide ? A mes yeux, le problème du suicide se situe au-delà de la morale des hommes. C'est un problème qui relève de la foi. Tu me dis, cher Jean-Jacques, que tu es désespéré. Or la foi religieuse est la source de toute espérance humaine. Je crois donc que tu n'as plus la foi. Car qu'est le désespoir sinon un raté de l'espérance ?

Quant à savoir quel sera ton sort dans l'Au-delà, permets-moi de te poser cette question redoutable : le dieu auquel tu veux croire et auquel tu prétends t'unir t'accueillera-t-il comme le Père a accueilli l'enfant prodigue, qui s'est jeté dans ses bras ? Ou bien te condamnera-t-il ?

Je te supplie, avant de presser sur la gâchette, de réfléchir un instant, de considérer que ton acte est absurde, puisqu'il condamne ce qui existe. Bien qu'il se présente comme un amour de l'être, il est une glorification du néant.

En terminant cette lettre, je sais que je ne peux t'empêcher de commettre ce que j'appelle l'irréparable. Car tu es un homme, et c'est le privilège de l'homme d'être libre de se donner la mort.

Sainte Thérèse de l'Enfant-Jésus avait dit un jour à sa sœur Céline de ne jamais laisser un poison au chevet d'un grand souffrant : la tentation, qu'elle avait elle-même connue, eût alors été trop forte.

Tu as décidé qu'au jour anniversaire de ta naissance, si tu n'avais pas retrouvé la foi, tu mettrais fin à tes jours.

Alors, dans ces derniers moments qu'il te reste, ouvre la fenêtre, vois le soleil, contemple les enfants dans les bras de leur mère, écoute ce chant qui fuse de la Terre et qui la justifie.

Montherlant fut toute sa vie tenté par le suicide. Il y succomba. « Tu es enfin, misérable enfant, entré dans le *rien éblouissant.* »

Dans le même esprit que Montherlant, Léon Bloy avait écrit : « La mort est blanche, pleine d'espérance, puisqu'il n'y a pas de néant futur. C'est une vierge aux yeux baissés, la pureté inamissible que les poètes les plus profanes ont célébrée sans le savoir en lui donnant le nom étrange et hermétique de l'amour. »

A Dieu.

Lettre au petit enfant

Cher enfant,

Nous sommes tout proches l'un de l'autre, toi qui commences ta vie, moi qui l'achève. L'on dit (et c'est très vrai) que les extrêmes « se touchent ». Et je m'entends mieux avec toi qu'avec ceux qui sont au milieu de leur existence et que l'on appelle les « grandes personnes ».

Lorsque, comme toi, j'étais enfant (et il me semble, la vie va si vite, que c'était hier), on me parlait sans cesse des « grandes personnes ». J'avais pour les « grandes personnes » un sentiment bizarre, mélange d'attrait et de défiance. Il me semblait que le monde des grandes personnes était un autre monde, interdit aux enfants.

Maintenant, alors que ma vie ne peut recommencer, j'entends dire que l'enfance est l'âge du bonheur parfait. Est-ce vrai ? Quand on est comme toi, un enfant, on ne jouit pas de l'enfance. Et lorsqu'un adulte croit revivre son enfance, il évoque un état qui n'existait pas.

Je me demande parfois si l'enfance n'est pas un rêve des adultes... Petit enfant, tu ne te rends pas compte du mystère de l'enfance !

Ce que j'ai appris à un grand âge – trop tard, sans doute –, c'est que l'on s'accroît, si l'on vit avec un enfant. Surtout si l'on demande à l'enfant de nous poser des questions.

J'ai visité un célèbre philosophe allemand, appelé Heidegger. Il habitait alors dans une petite cabane d'ermite qu'il appelait sa « hutte ». Et, dans la campagne couverte de neige, Heidegger me donna ce conseil : « Si vous voulez progresser, en philosophie comme en religion, faites-vous interroger par un enfant. Vous ne pourrez pas toujours lui répondre, mais il vous fera découvrir la vérité : car le Vrai est toujours voilé. *L'enfant ôte le voile.* »

Un jour, tu m'as demandé ce que c'était qu'*être*. Et je n'ai pas su te répondre. Un autre jour, tu m'as dit : « Pourquoi est-ce que je suis François et que François n'est pas moi ? » Un autre jour : « Nous avons deux yeux. Pourquoi ne voyons-nous pas deux choses ? »

Et, en revenant du catéchisme : « Je comprends ce que c'est que le diable, je sais ce que c'est que le bon Dieu. Mais dites-moi, pourquoi est-ce que le bon Dieu, qui est tout-puissant, ne tue pas le diable ? »

Les questions que tu poses sont précisément celles auxquelles un philosophe ne peut pas répondre...

En face de ton visage, et face à tes « problèmes », je suis embarrassé. « *Pourquoi ? Comment ?* », me répètes-tu. Napoléon à Sainte-Hélène disait que le génie consiste à se poser à propos de n'importe quoi ces deux questions-là.

Mais crois-tu, mon petit, que toute chose ait une explication en ce monde ?

A toi, qui es tout mystère pour moi, il te manque peut-être encore le sens du mystère...

Je te regarde avec tendresse, avec crainte, avec espérance. Car je suis le passé ; toi, tu es l'avenir. C'est toi, petit, qui renouvellera peut-être la joie de la terre.

Pour cela, il faudrait que tu restes « petit ». Qu'en grandissant tu demeures un enfant. Alors, tu serais un poète, tu serais un artiste. Tu serais un de ceux que les hommes estiment, parce qu'ils ont gardé le charme de l'enfance.

Je vais te proposer quelques conseils pour rester enfant. D'abord, le matin, quand tu t'éveilles, sois tout émerveillé, comme si pour la première fois le soleil allait se lever, comme si pour la première fois tu sautais hors de ton lit pour vivre. Imagine que ce que tu vois maintenant n'existait pas hier, comme si tu assistais au commencement du soleil, au commencement du monde.

En classe, tu fais tes devoirs, tu t'appliques. Tu apprends à tracer des lignes, à ne pas faire de faute. Moi, je te conseille d'être souvent un peu distrait ; d'avoir une partie de toi qui fasse attention aux lignes, à la ponctuation – à tout ce que les maîtres t'apprennent. Et puis une autre partie de toi qui soit comme un oiseau, qui s'envole bien au-delà et qui ne fasse plus attention. Pour rester enfant toute ta vie, c'est cette seconde partie de toi-même qu'il faut cultiver.

On dira que tu rêves. Mais c'est le « rêve éveillé » qui donne du *génie*.

Les grandes personnes vont t'apprendre l'effort. Toi, tu leur apprendras l'acte d'abandon qu'on appelle la *grâce*. Nous te donnerons la règle. Toi, en échange, tu nous donneras ta fantaisie, ton innocence. Nous t'imposons notre gravité, tu nous enseignes la gaieté.

Nous t'expliquons que tout est plus difficile que tu ne le crois, et toi, tu enseignes à nos fronts déjà ridés que tout est plus facile qu'on ne l'avait cru !

Voici que la journée s'achève. Le soir tombe. Voici que le soleil descend et qu'il va, comme toi, se coucher, en jetant des flots de lumière et de couleur.

C'est l'heure où tu vas entrer dans ce qu'on appelle *la nuit*. C'est le moment où se lèvent les songes. Et les rêves d'enfant sont les plus beaux des songes.

Lettre à la courtisane

A l'heure où je t'écris cette lettre, tout Paris parle de Toulouse-Lautrec, dont les plus belles toiles sont exposées.

Toulouse-Lautrec, qui fut nabot dès l'enfance par suite d'une maladie des os, mourut alcoolique, syphilitique, usé... Mais le génie peut surgir d'une tare, être une catastrophe surmontée, une folie inventive.

Puis-je t'avouer que je me suis souvent inspiré de Toulouse-Lautrec lorsque j'ai voulu simplifier ma peinture, la ramener à une sorte de dessin rapide, comme on brosse une affiche ? La fameuse *Goulue* de Montparnasse m'a même servi à peindre Marie-Madeleine.

Je ne sais comment te parler. Je suis pris entre deux sentiments, dont l'un est la pitié, et l'autre une curiosité.

Les courtisanes, je ne les ai jamais fréquentées. Toulouse-Lautrec – comme Degas – m'a révélé ton monde auquel, par la magie des couleurs, il a donné une existence.

Tu te lèves, tu te laves, tu t'étends sur ton lit, tu enlèves ton bas, tu te dégrafes, et tu attends au salon ceux que tu appelles tes « clients ». Que viennent-ils chercher chez toi, ces désespérés ?

Tu les accueilles, aimable et caressante, tu leur donnes l'illusion d'un plaisir, un semblant d'amour. Tu partages avec eux ce qui est peut-être un instant de bonheur ou de tendresse, une trêve dans une vie de détresse et de solitude. Et, comme l'opium célébré par Edgar Poe et Charles Baudelaire, tu leur apportes l'*ersatz* de l'état mystique !

En somme, tu symbolises le recours à l'enfer pour qui ne peut avoir le paradis. L'appel ultime au Dieu de « la première communion », le suppliant de te visiter, même dans la faute, même par le péché : car cela vaut mieux que le néant ! A moins que ce ne soit un suicide, un appel au *néant*. « Toi qui sur le néant, chantait Mallarmé, en sais plus que les morts ! »

Courtisane, tu ressembles aux religieuses cloîtrées. Plusieurs d'entre tes sœurs ont fini au Carmel. Et comme les contraires se ressemblent, je vois en toi la sainte que tu peux devenir. Marie-Madeleine, l'apôtre des apôtres, la première à voir et à baiser les pieds du Ressuscité, la première à découvrir le tombeau vide, Marie-Madeleine était une prostituée. Et elle est celle qui nous précédera dans les Cieux. Thérèse de L'Enfant-Jésus, pour être plus près du Christ, avait désiré s'ensevelir anonymement dans un couvent où vivaient dans le repentir d'anciennes courtisanes.

Quand je te vois toute fardée, rousse, vieillie, triste, banale, je pense que, demain, tu peux être éblouissante, céleste. Tu peux être une sainte, puisque c'est l'ancienne courtisane de Magdala, Marie, que Jésus donne en exemple dans l'Évangile. Marie a choisi « la meilleure part, et cette part ne lui sera pas ôtée ».

L'amour a tant de visages ! Ce mot « amour » couvre tant de contraires ! Quelle est la différence entre l'amour vulgaire, l'amour vénal, – et l'amour mystique, l'amour extasié, l'amour divin ? Nous employons le même mot pour les désigner en français. Et je me demande si nous n'avons pas raison ; si, comme le disait Lacordaire, il n'y a pas qu'*un seul amour*, qui varie d'objet, qui peut devenir infernal ou divin, et qui est une émanation de l'amour infini.

Ton nom de « courtisane » est plein de poésie. Lorsqu'il apprenait le français avec le futur Édouard VII – fils de la reine Victoria –, lord Halifax me racontait que, voulant écrire une lettre à une princesse, il avait cherché dans le dictionnaire le mot le plus noble. Il avait adopté ce mot « courtisane ». « Madame, écrivit-il alors à la princesse, vous êtes la plus belle *courtisane* qui soit au monde. »

Lettre au communiste

Tu es communiste. Et c'est pourquoi je t'estime. Car la différence du socialiste et du communiste ressemble à la différence du chrétien et du mystique.

Le socialiste proclame les valeurs de perfection, de vertu, d'égalité sociale, qui sont les tiennes. Mais lui ne pratique pas le social, la vertu, la perfection. Toi, au contraire, tu restes pauvre, et tu as avec toi ceux qui peinent. Au fond, tu es un chrétien qui s'ignore.

Ce que j'ai peine à comprendre, c'est ton incroyance. Tu professes qu'après la mort, tout est fini. Et tu présentes l'histoire comme un progrès vers un état de l'humanité où les hommes connaîtront enfin le bonheur, dans la

« société sans classe » comme l'avait imaginé Marx. Mais qu'est Marx sans le baptême ? Qu'est le bonheur sur la terre sans la promesse du Ciel ? Qu'est le corps sans l'âme ?

A mon point de vue, tu es malheureux du plus grand malheur qui puisse exister : tu n'es pas d'accord avec toi-même. Car tu sais bien, quand tu réfléchis, que, sans Dieu, sur toutes les planètes habitées, les êtres appelés humains sont condamnés à devenir de la poussière et à retomber dans le néant. Malgré cette certitude, tu prêches l'espérance.

Il y a en toi une contradiction crucifiante. Il suffit de te regarder, quand tu es seul, pour voir que ta tristesse est grande. Tu aspires à la vie et tu te condamnes à la mort éternelle ! Tu proclames l'Être et tu te condamnes au *néant !*

Or, le néant ultime peut-il vraiment être le fond de ton désir, le fond du désir de l'humanité ? Comment peux-tu allier la doctrine du néant avec le dévouement à l'humanité ? Si l'histoire des hommes se situe entre deux néants, pourquoi tant agir ? Crois-tu vraiment que l'homme athée soit la fin ultime ? A quoi te servira de gagner l'univers si l'humanité perd sa raison de vivre et son âme ?

On annonce souvent dans nos gazettes que le communisme est mort. La chute du mur de Berlin, l'effondrement de l'Union soviétique, la renaissance de l'ancienne Russie... On se trompe. Le communisme, comme le christianisme, renaîtra de ses cendres, parce qu'il n'est pas fondé sur l'*expérience* mais sur une *foi* : la foi dans l'absolu. Le christianisme et le communisme *absolus* se ressemblent.

Différents autant que semblables, toi communiste, et moi chrétien, chacun cherche à séduire l'autre. Tu espères me « convertir », et moi j'espère qu'un jour tu me rejoindras dans ma foi. J'ai des amis très chers, dont le plus grand fut le philosophe marxiste Althusser, qui sont devenus des communistes convaincus. Or je n'ai pas encore connu des cheminements contraires. Il est plus facile, sans doute, d'aller du ciel à la terre que de la terre au ciel...

A l'abbé Binon, curé de Lupersat

Monsieur le curé,

Je suis le rat de ville et le rat des champs. Et j'ai deux curés : le curé de Paris, à Saint-Sulpice, et le curé des champs, à Champagnat. Vous êtes mon « curé de campagne ». Et, dès que j'arrive aux champs comme le rat de La Fontaine, je vous appelle au téléphone pour vous prier de venir me voir dans ma chaumière, et pour *vous* confesser.

Car vous avez besoin d'un secours dans ce pays, et à ce moment de l'histoire de la foi sur cette terre. La Creuse est un microcosme où se joue le drame de ce siècle, deux mille ans après Jésus-Christ.

Vous me confiez votre désespoir : « Le diocèse n'a plus de vocations, me dites-vous. Dans dix ans, il n'y aura plus de prêtre dans ce pays. »

En 1975, cher abbé Binon, apprenant que les laïcs peuvent parler dans une église, par une sorte de sainte paresse vous m'avez fait une demande étrange : vous m'avez demandé de « prêcher » à votre place, dans la petite église de Saint-Silvain, la retraite de première communion. J'avais refusé d'abord. Mais, ayant pris conseil auprès du pape Paul VI, il me fit un devoir de vous obéir.

Dès la première leçon, l'orage éclata. Je fus précipité dans le drame de ce siècle.

J'avais raconté aux enfants le miracle de la multiplication des pains. Alors, un des garçons eut l'audace de se lever, et il me dit : « L'instituteur nous a appris que la science rejette ce que vous nous racontez. »

Silence dans la vieille église moyenâgeuse.

Cher abbé Binon, vous avez alors pris la parole à ma place et vous avez dit à l'enfant : « Lucien, est-ce que tu veux faire ta première communion ? » Et Lucien répondit : « Oui, monsieur le curé. » Et vous lui avez dit : « Alors, il *faut* que tu croies. »

Et moi je pensais que, dans la petite église de Saint-Silvain, le drame de la Raison et de la Foi venait de se jouer, une fois de plus.

Car, dans nos campagnes déchristianisées, chacun sait que la première communion, malgré les apparences, est en fait la dernière communion. Et vous m'avez exprimé un jour votre douleur par ces paroles : « Je leur donne le matin un calice en or. Et le soir ils le jettent et ils le brisent à jamais. C'est notre croix à nous, le supplice du curé de campagne dans la France déchristianisée. »

Le mois suivant, je vis le pape Paul VI. Il me demanda comment s'était passée « la retraite de première communion » qu'il m'avait ordonnée.

Une ombre de souffrance passa sur son visage ; il me dit en substance ceci :

« Le drame du monde actuel était présent dans votre tout petit pays. Et moi qui suis, quoique indigne, le pasteur responsable de l'immense troupeau, je ne cesse d'y penser avec souffrance. »

» Lorsque j'étais archevêque de Milan, on m'avait présenté dans un village l'enfant qui était premier en catéchisme. "C'est bien, lui ai-je dis, mais il faut aussi que tu sois premier en calcul." Car tout le problème de l'apostolat dans le siècle à venir est exprimé par ce devoir que nous aurons d'unir la culture scientifique à la culture religieuse. »

» Il faudra *réévangéliser*. Et ce sera plus difficile qu'au temps des apôtres. Car les apôtres (et saint Paul dont j'ai choisi le nom) apportaient une nouvelle, une Bonne Nouvelle. Désormais, on nous dira : "Votre nouvelle, par la Science, par la Critique, nous l'avons réfutée." »

J'écris ces souvenirs après la mort de Paul VI, sous le pontificat de Jean-Paul II, qui prêche un nouveau départ, une nouvelle « évangélisation ».

Cher abbé Binon, je connais vos difficultés par vos confidences : je *vous* ai confessé plusieurs fois. Vous avez vingt-deux paroisses. Vous passez votre temps sur les chemins pour catéchiser, marier, enterrer, réconforter les gens de notre campagne.

Vous êtes le médecin des âmes. Sans doute éprouvez-vous, quand vous rentrez chez vous et ne trouvez ni feu ni repas, une profonde solitude. Pourtant, vous n'avez jamais connu ni l'ennui ni la détresse : vous sentez que Dieu est auprès de vous. Votre solitude est différente de l'isolement. Votre solitude, c'est une communion profonde.

Cher abbé Binon, je veux encourager votre dévouement et votre ministère. Dans la Creuse, où, vous le savez, pendant les funérailles les hommes vont au café, la foi renaîtra. Les hommes de cette fin de siècle ne croient plus par tradition. Ils veulent une religion authentique.
Et il y aura un renouveau dans ce pays de la Creuse, dont les maçons au Moyen Age, en mettant des pierres les unes sur les autres, ont bâti les cathédrales.

Éloquence

Je crois avoir pratiqué tous les genres d'éloquence, et les plus opposées des éloquences. Commençons par le plus haut sur l'échelle. Ce fut le 3 décembre 1963, quand sur l'ordre du pape Paul VI je pris la parole au Concile.

Je n'avais pas pu refuser. Je tremblais comme Pierre à qui Jésus ordonnait de marcher sur les eaux.

Ma femme tentait de me rassurer avec ces propos d'épouse qui sont à double tranchant. Elle me disait que ce serait le jour le plus décisif de ma vie : car « je pourrais sombrer ». Comme elle savait que Démosthène était bègue, et qu'il s'exerçait à parler avec un morceau de bois entre les dents, elle me donna un crayon, elle me fit parler, et elle décida qu'on me comprenait.

Enfin, j'entrai dans la basilique comme un gladiateur voué à mourir entre au Colisée. Heureusement, je ne voyais pas les deux mille évêques. Je n'apercevais que Paul VI qui me regardait en souriant, comme au cirque on regarde un acrobate faire un saut périlleux.

Je comparais alors les genres d'éloquence que j'avais expérimentés. Et tout spécialement à l'auditoire le plus différent que l'on puisse imaginer et devant lequel j'avais connu aussi angoisse et tremblement.

Quand, un jour de 1925, j'arrivai, jeune sous-lieutenant, au 24e régiment d'infanterie, mon colonel, voulant m'éprouver, me dit : « Je sais que vous êtes agrégé de philosophie. Je vais donc vous confier le cours que tous les officiers ont refusé : le cours des illettrés. » Et me voici devant l'auditoire le plus ingrat, le plus redoutable. Ne sachant pas comment on apprend l'alphabet, je décidai de demander à mes auditeurs de me proposer des définitions, comme Socrate l'avait fait. Et j'avais choisi les mots suivants : « ivrognerie », « paresse », « lâcheté ». Et les mots contraires : « travail », « obéissance », « courage ».

Je me souviens encore que le soldat Martin m'avait ainsi défini le courage : « Le courage, mon lieutenant, c'est quand quelqu'un il dit aux autres : "Écoutez, les p'tits gars, voilà ce qu'on va faire !" »

Et le soir du concile, avant de m'endormir dans la paix d'une victoire, je m'amusais à comparer les deux genres d'éloquence, celle des évêques et celle des illettrés. Et je me disais en secret : au fond, je n'ai jamais dit qu'une seule chose, et toujours la même : « Écoutez, les p'tits gars, voilà ce qu'on va faire ! »

A la vieille dame du quai Conti
Une vieille dame encore coquette

M adame,

Depuis trente ans, nous passons chaque jeudi un long moment ensemble. Et pourtant, je ne vous connais pas. Madame, vous êtes indéfinissable.

Lorsque vous êtes née, en 1634, celui qui vous avait conçue, le cardinal de Richelieu, ne pouvait imaginer que cette petite compagnie de « gens de lettres », qu'il destinait à fixer une langue et sa syntaxe, un dictionnaire et une grammaire, serait un jour une sorte de « sacré collège » représentant la France à travers les siècles.

Votre première mission est de veiller sur la langue française. Et Richelieu ne s'était pas trompé en pensant qu'une nation ne peut être illustre que par sa langue, comme il était arrivé au siècle de Périclès en Grèce, au siècle d'Auguste à Rome. Ce que Louis XIV n'oublia pas.

Jamais, avant vous, le frivole et le sérieux n'avaient eu tant de liens. Il est étrange de voir chez vous des hommes qui ont gagné des batailles – comme Foch ou Juin – s'exercer à définir les mots les plus ordinaires, comme « défaite » ou « escadron »... Le cardinal Tisserant avait la coquetterie de se montrer épris des sciences exactes. Je me souviens qu'au jour où nous étions à la lettre C du dictionnaire, il intervint pour préciser le sens du mot « cholestérol ». Lorsqu'on arriva au mot « concile », il préféra se taire.

Vous faites de nous une compagnie de *pairs*. Vos membres sont égaux. Chez vous le roturier est égal au prince. Au duc comme au cardinal vous dites « Monsieur ». Le duc de Mirepoix me disait que jamais la devise « Liberté, Égalité, Fraternité » ne s'était davantage appliquée que sous votre coupole.

L'on vous dit « française ». Mais vous êtes aussi britannique par votre respect des coutumes, germanique par votre attachement à la syntaxe, italienne par votre désinvolture, espagnole par votre fierté...

Oserai-je dire, Madame, que vous êtes un peu capricieuse ? Ceux qui n'ont pas l'heur de vous plaire n'ont aucune chance. Vous avez rejeté Balzac, Baudelaire, Zola... Cinq fois, vous avez repoussé Victor Hugo ! Ou bien, est-ce là votre coquetterie ? Vous vous refusez avec élégance. Coquette, capricieuse, courtoise toujours.

L'on vous a adjoint un « protecteur ». Le chef de l'État (qu'il soit roi ou président) peut ne pas agréer l'élection d'un de vos élus. Ainsi Louis XIV pour La Fontaine – il avait publié des contes licencieux – et de Gaulle pour Paul Morand, à cause de son ambassade pendant le gouvernement de Vichy. Ils n'en sont pas moins célébrés : vous partagez avec le « prix Nobel » ce privilège de glorifier ceux que vous écartez... Vous mériter et ne pas se voir aimé de vous, c'est le plus doux des honneurs.

Chacun de nous vous doit fidélité : vous n'acceptez pas que l'on vous quitte sur un coup de mauvaise humeur. L'on ne peut démissionner. Et quand un confrère claque la porte dans un mouvement de colère, vous lui gardez sa place. La grandeur de l'Académie, c'est qu'on y vit. Même mourant, on ne peut la quitter, même « immortel » on y meurt.

Vous avez, Madame, près de trois siècles et demi d'existence. Un bien grand âge... Cependant, il semble que vous n'ayez pas pris une seule ride. Vos traits ne reflètent ni fatigue, ni usure. Et ce, malgré les longs sommeils, les réveils, les tempêtes, les fièvres, les intrigues... Pendant plus de trois siècles, vous avez duré sans changer. Est-ce pour cela que vous n'êtes jamais pressée ? En trois cents ans, vous n'avez produit que huit dictionnaires !

Quand un de vos « immortels » meurt, vous n'êtes jamais pressée de lui trouver un successeur. Vous êtes satisfaite d'une élection « blanche ». Cocteau, après une séance de vote sans issue, se frottait les mains en disant : « La vieille dame est vierge ! »

Vous êtes immuable. Depuis trois siècles, vous observez toujours les mêmes usages, les mêmes rites absurdes. Avant une élection, chacun jure ne pas avoir engagé sa voix – qu'il a promise... – ; ou encore à ne pas accepter de « visite » – qu'il vient de recevoir...

On s'est parfois un peu moqué. Lévi-Strauss (à moins que ce ne soit Dutourd ?) vous a définie comme « une tribu qui campe depuis trois siècles et demi avec des plumes sur la tête, aux bords de la Seine ». Et Paul Valéry, à sa petite-fille qui lui demandait la différence entre le taureau et le bœuf, avait répondu : « Un bœuf est un taureau entré à l'Académie. »

L'on vous dit paresseuse : vous avez mis trois siècles pour achever ces tâches que vous aviez promises.

Pourtant, en 1992, vous avez publié la neuvième édition de votre Dictionnaire de « A » à « Enzyme ». Il présentait 5 925 entrées nouvelles. Cette neuvième édition ne définit pas moins de 15 729 mots.

Votre paresse est une paresse féconde... Elle semble même devenue une fièvre. Au seuil du second millénaire, vous aurez publié le Dictionnaire accompli (selon le « bon usage ») d'une langue qui demeure le modèle de toutes les langues de la Terre pour l'union de l'extrême transparence et de l'exactitude.

Lettre au journaliste

Tu es journaliste. Moi, je suis philosophe. Et il me semble que nous sommes des contraires. Toi, plongé dans l'instantané, dans l'éclair qui zèbre le ciel et qui va disparaître, dans l'*événement*, c'est-à-dire dans le furtif, le clandestin, l'inaperçu, le scandaleux, l'évanescent. En somme, tu te consacres dans ce qui existe sans *être*. Et moi, j'ai la prétention de vivre dans l'immobile, dans le permanent, dans *ce qui est*.

Ne soyons pas séparés l'un de l'autre ! Tu as besoin de moi, j'ai besoin de toi. Tu as besoin de moi pour ne pas sombrer dans les poussières de la terre. J'ai besoin de toi pour ne pas me dissiper dans les poussières du ciel. Car si je me laissais aller à ma pente, je me perdrais dans les nuages comme tant de philosophes qui ont rempli les rayons des bibliothèques et que nul ne lit. Tandis que toi, noyé dans l'éphémère, tu me rappelles que l'éphémère, l'instant insaisissable, c'est au fond le baiser que l'éternité fait au temps, ce que l'on nomme si justement l'*actualité*. Et ce qui n'est pas *actuel* n'a pas d'existence réelle. Et Dieu lui-même, qui est l'actualité totale, a voulu prendre chair dans le Verbe incarné.

Dans ton métier, le difficile, c'est de concilier les extrêmes : d'être à la fois un *âne* et un *génie*.

De l'âne, tu dois avoir les oreilles longues, effilées, attentives, capables de discerner les moindres bruits : les choses qui commencent, les choses qui s'achèvent. De l'âne, surtout, tu dois avoir le souffle ; tu dois avoir le *braire* : tu dois signaler ta présence par les gros titres.

Du génie, tu as le don de l'*instantané* ; tu saisis chaque jour le moment imprévu où l'éternel descend dans le temps, et qui a reçu le si juste nom d'*actualité*. Tu captes l'étincelle, pour des millions de lecteurs. Et sommes-nous si différents l'un de l'autre, puisque, l'un et l'autre, nous cherchons à voir dans ce qui passe l'image furtive de ce qui ne passe pas ?

Le souci qui te ronge, c'est la copie de demain. C'est, en somme, le désir de *paraître*. Et, alors qu'il faudrait paraître sans apparaître, toi, tu as le devoir inverse : ne jamais t'effacer ! Tu as – comme ton journal de demain – l'obligation de *paraître*.

Mais nous pouvons nous réconcilier. Car toi le journaliste, moi le philosophe, nous avons le devoir d'écrire la langue la plus « muette », la moins sonore, la moins chantante, la plus exacte, la plus proche de la pensée. La langue dans laquelle, jadis, les nations d'Europe rédigeaient leurs traités ; parce qu'elle avait ce rare privilège d'être à la fois transparente et précise, c'est-à-dire d'être, comme un cristal : *claire*.

Lettre à Armstrong

A rmstrong,

Le 21 juillet 1969, quittant votre capsule de l'Apollo XI à trois heures cinquante-six, vous avez – je vous cite – « tâté le sol de la Lune du bout de l'orteil ».

La mer blanche, immobile, livide, ironique de votre alunissage avait un nom très pur et très beau : elle s'appelait la « mer de la Tranquillité ».

« *That is one small step for man, avez-vous dit, but a great leap for mankind.* »

« C'est un petit pas pour l'homme, mais un bond de géant pour l'humanité. »

Jusqu'à vous, la Terre était pour l'homme une tranquillité immobile, recouverte chaque nuit par la lente rotation des astres. Ces apparences menteuses s'imposaient. Car jusqu'à vous, on n'avait jamais *vu* la Terre. Vous êtes le premier qui a vraiment *vu* la Terre : vous l'avez vue comme « une petite tache bleu pâle ».

Depuis votre aventure, je ne cesse de me poser d'insolubles questions. Par exemple, suis-je seul au monde ? Car il est proche le jour où nous échapperons à ces prisons célestes qu'on nomme « système solaire » ou même « galaxies ». Nous nous déplacerons au-delà de notre aire.

Il existe six mille satellites ! Nous ne sommes pas seuls au monde. Et peut-être allons-nous recevoir la visite d'êtres inimaginables, pensants, habiles comme nous, inventeurs comme nous, aussi différents des quadrupèdes-hommes que ceux-ci sont différents des anges...

Alors je me repose l'éternel problème de la pluralité des mondes, qui embarrassera toujours la science et la religion. Le problème de la solitude, effrayante, ou de la multitude, affolante...

Quand je regarde le ciel étoilé, immense, infini, et toutes ces galaxies innombrables, ces myriades d'univers qui s'entassent les uns sur les autres et qui me regardent en clignotant dans une nuit d'été, je ne puis admettre que la pensée-amour n'ait paru que sur ce petit grain bleuâtre, frissonnant, insignifiant qu'on appelle « la Terre ». Je me dis que peut-être, là-bas, il y a des êtres aimants, d'autres roseaux pensants. Alors je me demande la raison de ce silence éternel des espaces infinis qui avait déjà effrayé Pascal.

Et je me demande si le drame qui se joue depuis trente millions d'années – qui s'appelle *l'Histoire* – ne s'est pas joué ailleurs, ne se joue pas maintenant dans un autre théâtre, sur une autre planète.

En somme, je me demande s'il n'y a pas une loi fatale sur le progrès qui veut que toutes les fois que, dans cet immense univers impassible et muet, sur une planète où il y ait des êtres pensants, des êtres qui aient progressé en pouvoir, en savoir, en technique, l'accélération, l'emballement, la *folie* du progrès n'a pas fait que cette « humanité » s'est suicidée.

Je me demande si le ciel couvert d'étoiles n'est pas un cimetière infini d'humanités anéanties.

Et je me demande si le grand danger auquel, au vingt et unième siècle, nous allons nons trouver confrontés n'est pas celui d'un *anéantissement* de l'homme par l'homme, d'un échec dû non pas à la science mais à l'excès de science.

Que de sépulcres dans les astres !

Vapeur et poésie

L ouis Armand,

Vous étiez le penseur du rail. C'est vous qui avez supprimé la troisième classe. Vous vouliez supprimer le filet à bagages, le soufflet qui sépare les wagons les uns des autres. En somme, vous conceviez le train à l'image de l'avion et de la fusée.

Cher Louis Armand, il faut que je vous confie quelque chose : je ne puis me consoler de la disparition de la vapeur.

J'étais heureux de m'endormir, bercé par les secousses de la locomotive qui passait sur les rails de dix-huit mètres, si bien accordées aux pulsations de mon petit cœur ! J'aimais entendre les sifflets qui déchiraient la nuit. Je me réveillais à l'aurore. Jamais, jamais je n'ai vu la blême aurore (qu'Homère appelle l'« aurore aux doigts de rose ») ailleurs qu'en chemin de fer.

Alors, il y avait un long espace de temps entre le départ et l'arrivée. Jadis on voyageait. Désormais, on est transporté.

Vous me disiez : il faut vaincre l'espace en supprimant les soufflets entre les wagons ; il faut vaincre le temps en supprimant les délais entre les stations, et par conséquent les « retards ».
Ce que je ne vous ai jamais pardonné, c'est d'avoir supprimé le compartiment et le couloir latéral. Rien ne peut remplacer le compartiment aux huit places, ce cloître mobile, ce face à face silencieux où, tandis que passaient les longs pays muets, je pouvais longuement contempler des visages.

Je craignais de voir disparaître la poésie du rail et de la vapeur. Vous me répondiez qu'une autre poésie allait paraître : la poésie abstraite des calculs, de l'ubiquité, des trois cents kilomètres à l'heure...

Et moi, je soutiens que la poésie de la vapeur ne reviendra pas, et que Monet a peint avec la même extase les fumées bleutées de la gare Saint-Lazare et les nymphéas.

A celui que l'on prend pour un « imbécile »

Tu as souffert, enfant, d'être pris par tes parents pour un « imbécile ».

Chose invraisemblable et qui s'explique par les paradoxes de la vanité (on triomphe quand on se distingue des autres, fût-ce par une tare), à l'école, tu jouissais d'être le dernier de la classe. Tu savourais la douce gloire des « cancres »...

J'ai connu quelques illustres – dans la politique ou dans les lettres – qui avaient été jadis tenus pour des « ratés » dans leur premier âge.

Le plus illustre de ces illustres fut Paul Valéry. Longtemps Paul avait fait figure du « raté » de la famille. Son frère Jules, doyen de la faculté de droit à Montpellier, avait confisqué la gloire du nom et de la carrière. Paul, « rédacteur à l'agence Havas », s'occupait à composer des vers obscurs.

J'eus un jour l'impertinence, étant seul avec Valéry, de lui demander comment il avait écrit des vers immortels, alors que, dans son premier âge, on l'avait pris pour un raté. Il m'avait conseillé de relire les confidences d'Edgar Poe sur l'art d'écrire le plus beau poème du monde, sans aucune *inspiration*, par le seul *calcul*.

Il ne s'agit pas d'avoir du génie. Il s'agit d'obtenir un *effet*, donnant à penser qu'on a du génie. Calculons. Déduisons. Quel est le sujet poétique le plus propre à donner un tel effet ? Évidemment, le désir de l'impossible, la tristesse devant la destinée, la mort : la *mélancolie*...

On déduira, par *calcul*, la longueur du poème d'après les lois de l'attention : pas plus de soixante vers ! On déduira le mot le plus triste, le plus sonore, le plus doux, le plus beau. Je me souviens que, pour Edgar Poe, c'était le mot *nevermore* – jamais plus !

Ainsi on aura supprimé ce qui paraissait être l'essence de la poésie, à savoir l'inspiration. On l'aura remplacée par le calcul.

Je cherche à définir l'imbécillité dans son rapport avec le génie.

Il me semble que celui que Valéry a glorifié, Léonard de Vinci, était à ses yeux le type *idéal* du génie. Comme Valéry, il avait porté à l'excellence la qualité qui lui faisait défaut. Aux yeux de René Huyghe, la *Joconde* résulte d'une déduction : chaque trait du visage, ou du paysage, tout (jusqu'au clair-obscur et même jusqu'au sourire) est *calculé*.

Le génie des ratés de génie consiste à sublimer leurs défaillances, comme le grand mystique ou le grand musicien.

Et s'il me fallait faire l'inventaire de l'espèce humaine, je dirais qu'elle se compose de deux types contraires : les imbéciles qui se croient du génie, les génies qui se croient des imbéciles.

Lettre à mon médecin

Cher docteur Biot,

Lorsque j'étais enfant, comme tous les enfants j'aimais être malade. Car l'enfant malade est un enfant gâté. C'est alors que pour la première fois, j'ai entendu prononcer ce mot que je devais retrouver tant de fois dans ma vie comme le signe de la plus grande dignité : le mot de docteur.

Pour moi, comme pour tous les enfants, le docteur était le premier des êtres magiques : celui qui devine, celui qui soulage, celui qui réconforte. Et, pour l'enfant, c'est aussi celui qui accompagne son grand-père et sa grand-mère jusqu'à leur dernier soupir.

J'avais alors l'idée que le docteur était l'homme qui, présent à la fin de la vie comme à son commencement, connaissait tous les secrets de la vie et de la mort. Et à l'âge de dix ans, déjà ambitieux, mon plus grand rêve, c'était d'être docteur un jour.

Cher docteur, comme vous me manquez ! Pendant trois ans – jusqu'à votre mort – vous m'avez soigné et guéri. Et depuis, je n'ai pas trouvé un autre médecin pareil à vous.
Ce qui m'a intimement rapproché de vous, à tel point que vous étiez devenu mon ami, c'est le fait que docteur, vous étiez aussi un véritable philosophe.
Vous aviez l'idée inverse de celle du fameux Dr Knock, de Jules Romains, que j'étais allé applaudir au théâtre. Knock pense que tout homme bien portant est un malade qui s'ignore. Vous, vous m'avez enseigné que tout homme qui se plaint de souffrir est un bien portant qui s'ignore. C'était d'ailleurs la conception d'Hippocrate, et c'est encore celle des grands médecins de Chine. Ainsi, votre conception était que le médecin est celui qui vous empêche d'être malade et qu'on ne consulte plus – et qu'on ne paie plus – quand on est malade. Le médecin

doit nous apprendre l'hygiène, c'est-à-dire *l'art de n'être pas malade*. Cher docteur Biot, vous enseigniez la sagesse dont il faut faire preuve afin de n'être jamais malade. Telle était votre médecine, telle était votre philosophie.

Une autre de vos idées était que la fatigue ne vient pas de ce que l'on fait. Ce que l'on fait, si on le fait à fond, avec passion et avec tout son cœur, ne fatigue jamais. Ce qui fatigue, c'est *l'idée de ce que l'on ne fait pas.*
C'est vous, docteur, qui m'avez appris que j'étais fait pour le surmenage. J'étais, je suis encore, un grand nerveux. Je ne sais pas ne rien faire. « Surtout, surtout, insistiez-vous quand je vous appelais dans ma maison, ne cessez pas de vous surmener, vous tomberiez malade ! » Et suivait votre conseil « médical » : « Quand vous vous reposez, reposez-vous à fond ; quand vous vous distrayez, distrayez-vous à fond ; et quand vous mangez, vous buvez, faites-le à fond. »

Vous me disiez encore que le grand secret du bonheur, l'art suprême de la vie, c'était de pratiquer ce que les mystiques appellent *l'abandon*. Bergson devait ensuite me donner un conseil similaire quand il me dit un jour : « J'ai décidé de faire désormais sans effort ce que jadis je faisais avec effort. » C'était la règle de sainte Thérèse de l'Enfant Jésus, et de tous les grands mystiques. Ainsi, pour être bien portant, vous préconisiez simplement de supprimer l'effort.

Vous me citiez souvent ce mot de Goethe : « Je souffre de ce qui n'arrivera pas et je crains de perdre ce que je n'ai pas perdu. »

Vous étiez un précurseur. Vous aviez compris, un demi-siècle avant les autres, que l'âge dans lequel nous allions entrer serait un âge où les problèmes de santé, de l'équilibre de l'âme et du corps, seraient les problèmes principaux. Avant les autres, vous aviez senti que toute action n'était bonne que quand elle relevait d'une pensée, et que toute pensée relevait d'une éthique et toute éthique relevait d'une philosophie supérieure ou d'une religion.

Votre première qualité, c'était d'être disponible à toute heure du jour. Vous étiez dévoué, aimable, enjoué. Vous aviez en tout ce mélange d'ironie et d'amour qu'on appelle l'humour. Et l'humour n'est guère éloigné de l'amour : l'humour, c'est de l'amour caché sous le voile de l'ironie.

A la fin de votre visite, vous rédigiez votre ordonnance sur un beau papier : « Pas de remède parce que vous n'avez rien à remédier. » Puis, un jour, au bas de la page, vous avez ajouté : « Le port de la canne est opportun. » Depuis ce temps-là, elle ne m'a plus quitté. Vous aviez raison : la canne est comme une compagne agréable, muette et douce, qui me relie au sol.

Aujourd'hui où le nombre de mes années approche le siècle, je me demande parfois quels seraient les conseils que vous me donneriez pour m'aider à bien vieillir.

Et alors deux réflexions me reviennent à l'esprit et il me semble encore vous entendre : « Vieillir, c'est avoir tous les âges. » Et encore : « Vieillir, c'est voir Dieu de plus près. »

Docteur, vous avez raison.

Lettre à l'acteur

J'ai longtemps cru, aimant le théâtre, que j'avais de la *sensibilité*. Mais un jour où j'interrogeais Fresnay sur ce problème, il m'invita à relire en Diderot les fameuses pages sur le « paradoxe du comédien ». Selon Diderot, un véritable comédien ne doit avoir *aucune sensibilité*.

Fresnay commentait : « Si je joue une tragédie, il me faut mourir chaque soir. Comment pourrais-je mourir, si j'étais le moins du monde sensible ? »

Peut-être, me disais-je alors, est-ce le cas aussi des grands mystiques ? Saint François d'Assise aurait-il pu aimer tous les hommes, tous les animaux jusqu'aux oiseaux (et toutes les créatures, jusqu'au soleil) s'il n'avait possédé cette sensibilité suprême, mais toute calme, toute ouverte, qu'on appelle « le pur amour » ?

Le propre du véritable acteur, n'est-ce pas d'être à la fois insensible et passionné ?

Selon Pagnol, il était rare qu'un acteur masculin ait du « génie ». Il citait pourtant Raimu et Fresnay... Aux yeux de Pagnol, l'acteur génial serait celui qui improviserait sans cesse, comme les Italiens le font dans la *commedia dell'arte*. Or, pour Pagnol, la femme a reçu en partage la grâce d'improviser. Les actrices, ajoutait-il, étant femmes au plus haut point, sont naturellement géniales. Et c'est pourquoi, à ses yeux, les plus parfaits acteurs étaient des actrices.

Mon père aimait le théâtre. En 1915 (j'avais quatorze ans), il m'emmena à Paris pour entendre le plus grand acteur de l'époque, Mounet-Sully, dans la dernière représentation d'*Œdipe-Roi*. Et j'ai gardé en mémoire sa voix caverneuse : « Enfant du vieux Cadmus, jeune postérité... »

Mon seul acte d'acteur fut, en janvier 1920, d'avoir joué *Pasteur* dans la pièce de Lucien Guitry. L'enfant qui jouait le rôle du petit Meister, sauvé de la rage par Pasteur, était le futur docteur Montsaingeon, qui se souvient encore.

Pourtant, si j'étais attiré par le théâtre, je ne crois pas que j'aurais pu être acteur. Car, en jouant un rôle, j'aurais eu l'impression de commettre chaque soir une sorte de péché d'hypocrisie. Tous les soirs, sur la scène, il m'aurait fallu *être celui qui paraît ce qu'il n'est pas. Paraître* sans *être*, est-ce désirable ?

Toujours, j'ai redouté le face à face avec cette masse confuse d'auditeurs indifférents qui composent une « galerie », un auditoire, un *public*. Et toujours il m'a été dur de « prendre », comme on dit, la parole. Et je n'ai jamais pu parler en public sans angoisse.

Mon seul remède alors était d'imaginer que *les autres* étaient un seul être, auquel je m'adressais en confidence. J'ai lu dans Michelet que lui aussi avait choisi cette méthode.

S'exposer au monstre muet, attendre distraitement que surgisse en nous par inattention un moment d'intimité, une *confidence*, comme dans une lettre...

Lettre à un petit chien

Cher Gyp,

As-tu une âme, mon petit chien ?

J'ai séjourné, il y a bien longtemps, à Hickleton chez un grand seigneur anglais, Lord Halifax, que tu connais bien. Lord Halifax ne pouvait se séparer de toi, son petit chien, qu'il avait appelé Gyp.
Gyp, je m'en souviens, tu prenais à cinq heures le thé avec lui. Tu étais de sa famille, comme l'est un frère. Mais ce qui m'a le plus surpris, c'est que lorsque tu es mort, ton maître t'a fait faire un petit cercueil et il t'a enterré près de l'église.

Un jour, je lui dis que sa conduite avec toi m'étonnait beaucoup : il te traitait comme si tu avais eu une âme, et donc une immortalité. Alors, le vieux lord me regarda en même temps qu'il te regarda. Il me dit : « Peut-être Gyp n'a-t-il pas d'âme *(soul)*, mais Gyp a certainement un avenir *(future)*. Car il a pour moi des mouvements d'amour – ici, ayant compris, tu aboyas – et tout mouvement d'amour est nécessairement éternel, comme la beauté. »

Cette tendresse avait rapproché Maurice Genevoix de tes congénères, et de tous les animaux, en particulier des écureuils, qu'il affectionnait. Il disait que l'animal n'est pas une bête. Il est bien plus : l'animal, pour Genevoix, était un « préhomme ensoleillé ».

Je crois à la souffrance des animaux. Il me suffit d'entendre la plainte des bêtes pour savoir qu'elles souffrent. Je ne suis pas comme Descartes qui, lorsqu'il donnait un coup de pied à un chien, le faisait sans aucune pitié, parce que le chien était pour lui une mécanique.

Saint Paul disait que les animaux gémissent avec la création tout entière.

Mais je crois à la souffrance des animaux d'un point de vue religieux. Car le Christ sur la croix était semblable à un agneau blessé. Selon saint Jean, le Christ est mort au moment même où l'on immolait les agneaux pour célébrer la pâque juive. Par son oblation, Jésus mettait fin aux autres sacrifices : il est devenu le seul Agneau.

Et de ce point de vue, je pense que l'animal qui souffre est associé d'une manière très lointaine à la Passion.

Et c'est pour toi, Gyp, que je me récite le quatrain de Gérard de Nerval :

Respecte dans la bête un esprit agissant :
Chaque fleur est une âme à la nature éclose.
Un mystère d'amour dans le métal repose,
Tout est sensible ! Et tout sur ton être est puissant.

Lettre à un raseur

Cher raseur,

J'attends votre visite. Je suis sûr que vous allez me reposer.

Vous êtes ce que j'appelle un raseur. Terriblement ennuyeux. Mais, dans l'univers, il y a partout des choses « rasantes », comme les vagues dans la mer, comme les arbres dans la forêt ou les cailloux sur le sable. Elles vous ressemblent : elles ne sont là que pour faire nombre, par leur monotonie, leur moutonnement, leur inexistence...

Cher raseur, j'ai pourtant besoin de votre présence absente. Comme les vagues ont besoin des vagues, comme les arbres ont besoin des arbres, comme l'univers a besoin de la solitude.

Vous êtes ennuyeux, certes, mais vous n'êtes pas méchant. Vous n'avez pas ce que les gens du monde appellent de *l'esprit* et qui est si souvent une invention méchante. Vous ne faites pas d'excès de langage, vous êtes bon. Vous êtes fidèle, vous êtes exact, scrupuleux, avide de détails, complet. Vous êtes exhaustif. Dévoué. Et l'heure passe vite avec vous.

Vous ressemblez à un meuble, mais un meuble immuable, qui ne se lassera pas, qui ne vieillira pas. Il n'y a pas pour vous d'heures de repas ni de fatigue. Vous n'avez pas, hélas ! vous n'avez *jamais*, l'idée de partir.

Quelquefois, pour vous aider à me quitter, je vous reçois avec un chapeau sur la tête et je vous dis qu'on m'attend à la Coupole... Mais dès que je vous dis devoir partir : « Eh bien, dites-vous, je vous accompagne. C'est précisément là que je dois aller. »

Vous êtes mon repos. Vous êtes ce que le monde contient de plus doux : la partie lisse, unie, monotone – qui n'existe que pour reposer par un certain ennui.

Vous êtes le tissu ; vous êtes la continuité ; vous êtes le quotidien, le banal, le vide. Vous êtes une ombre, terne, sans éclat. Mais c'est par un privilège analogue au vôtre que les étoiles brillent et que le monde subsiste.

Revenez me voir !

Lettre à ma femme

Marie-Louise,

« Que le nom de la femme soit facile à dire, doux, clair, agréable et propice ; qu'il finisse par une voyelle longue... » Je recopie ce texte tiré d'une ancienne loi de l'Inde. Et je vous l'applique, Marie-Louise, parce que le nom que vous portez exprime ce mystère. Et je me souviens que Jean XXIII, lorsqu'il vous a vue pour la première fois, vous a appelée tout simplement : « Marie-Louise ».

Souvent, vous m'avez dit : « Ne pleurez pas après ma mort car je vous serai davantage présente que pendant ma vie où vous étiez irrité de mon caractère, comme j'étais irritée de votre humeur. »

Tel est le mariage.

Vous m'avez dit bien souvent que lorsque vous seriez morte, vous me donneriez des signes de votre présence ; que, par exemple, lorsque je ferais un vœu, vous l'exauceriez. Et cela s'est produit. On m'accuse de superstition. Mais c'est la superstition de tout amour après le passage de la mort.

Passage étrange ! Pendant vingt ans, vous avez toujours été à côté de moi, à tel point que, pour moi, le mariage est une très longue conversation ininterrompue. Tout d'un coup, sans préavis, la conversation s'est terminée, pour toujours. Le téléphone sonne dans le vide. On appelle, et l'on n'entend aucune réponse.

M'entendez-vous pourtant ? Où êtes-vous, désormais ? Pour les philosophes, vous êtes dans ce que l'on appelle l'*au-delà*, c'est-à-dire le lieu dont on ne sait rien. Pour les chrétiens, vous êtes en Dieu ; là encore, c'est un mystère ineffable, car en Dieu il n'y a plus de présent, de passé, d'avenir. Ou plutôt, tout est éternellement présent. Si vous me voyez, vous voyez mon avenir, vous contemplez ma mort et mon retour à vous.

Je me demande souvent comment un être devenu éternel peut contempler le temps des humains qui se partage toujours entre un passé et un avenir... Quel mystère que le mystère de la vie humaine, si courte ! Comment expliquer que des milliards d'êtres humains sont morts et qu'aucun ne nous ait jamais révélé le secret de la mort ? La science, qui nous dit tout, ne nous dit rien sur ce point capital. La religion, qui nous dit tout, ne nous l'enseigne pas puisqu'elle ne nous donne pas la *science*, mais seulement ce qu'on appelle la *croyance*. *Je crois en Dieu mais je ne sais pas.* Il faut faire ici un acte libre, et choisir entre ces deux solutions extrêmes dont l'une s'appelle le *néant* et l'autre le *mystère*. Dans ce vingtième siècle, Jean-Paul Sartre avait choisi le néant. Moi, j'ai choisi le mystère.

En vivant avec vous, Marie-Louise, j'ai compris que le mystère était la vie réelle.

Vous m'avez raconté que, lorsque vous aviez cinq ans, on venait vous chercher quand on avait perdu une bague dans un champ, et que vous la trouviez toujours sans avoir à la chercher. J'ai remarqué que, quand nous nous promenions ensemble, vous trouviez en vous penchant des trèfles à quatre feuilles sans les chercher ; ils semblaient vous avoir fait un signe. Et quand je vous demandais quel était votre secret, vous me disiez : « Mon pauvre ami, il ne suffit pas de *vouloir* le trèfle, il s'agit de le *valoir*. Renoncez à trouver un trèfle et vous le trouverez. Renoncez à trouver le bonheur et vous trouverez le bonheur. "Tu ne me trouverais pas, si tu m'avais cherché". »

Souvent, je vous taquinais. Je vous disais : « Dieu n'existe pas. C'est la matière seule qui existe. » Imperturbable, vous me répondiez : « Cela m'est bien égal ; *la matière m'a fait signe.* » Comment la matière vous avait fait signe, je ne l'ai jamais su. Vous ne me l'avez jamais dit.

Vous étiez dévote de sainte Rita : la sainte des cas désespérés. Et comme tout mariage est un « cas désespéré », vous l'invoquiez souvent. Je vous disais : « Sainte Rita n'a jamais existé. C'est une légende italienne. » Vous me répondiez : « Que sainte Rita existe ou n'existe pas, cela m'est égal. Sainte Rita est le canal qui m'unit à Dieu. »

Vous m'aviez annoncé que je serais élu à l'Académie française le 22 mai, le jour de la fête de sainte Rita ! Je vous avais répondu que c'était impossible, le 22 mai étant un mardi et aucune élection n'ayant jamais lieu le mardi. Par un curieux concours de circonstances, je fus élu le mardi 22 mai. Vous ne fûtes pas surprise.

J'ai réfléchi bien souvent à ce genre d'étranges coïncidences qui jalonnèrent notre vie ensemble : la première explication est celle du hasard. Mais vient un moment où l'explication par le hasard paraît déraisonnable. Vous me disiez que, dans l'Évangile, vous aimiez les « miracles sans miracles », c'est-à-dire les *rencontres*. Et l'existence de ceux qui s'aiment est jalonnée de « rencontres ».

Que de fois nous avons parlé ensemble de ce que j'appelle les *difficultés de croire*. Vous aviez aussi des doutes, mais vous les aviez résolus par une méthode qui divisait la réflexion en deux moments.

Dans un premier moment, vous supposiez le pire ; et dans le cas de la foi, le pire, c'est l'erreur. Et dans un second moment, vous essayiez de me montrer que, même dans le cas de l'erreur, même dans le cas du pire, quand on a la foi on est encore vainqueur. Je vous citais ce texte d'un jésuite disant que, si Dieu n'existe pas, c'est Dieu qui aurait tort de ne pas exister et non pas moi d'avoir cru en la réalité de l'Idéal. Et vous, vous préfériez me citer cette pensée du curé d'Ars : « S'il n'y avait rien après la mort, je serais bien attrapé, mais je ne regretterais pas d'avoir cru à l'Amour. » C'était votre cas. *Vous aviez cru à l'Amour*, et vous étiez sûre que, croyant à l'Amour, même si vous vous trompiez, vous ne vous tromperiez pas.

Je me suis souvent demandé si vous étiez vraiment une mystique. Vous n'aviez jamais lu un seul livre sur le mysticisme. Mais vous aviez beaucoup d'amitié et d'affinité avec Jeanne Bergson, la fille du philosophe, qui s'est tant intéressée au mysticisme. Jeanne était sourde et muette, mais vous disiez que vous vous compreniez en Dieu.

Vous assistiez à mes conférences à la Sorbonne dans l'amphithéâtre Richelieu. Quand, le soir, je vous demandais ce qui vous avait paru digne d'être retenu dans mes paroles, vous ne le pouviez pas. Vous me disiez : « Rien de ce que vous avez dit, je ne l'ai retenu. »

Chère Marie-Louise, vous vous accusiez sans cesse d'indolence. Vous disiez toujours que vous n'aviez rien à vous mettre, que vous deviez courir acheter ce que vous appeliez « un petit trotteur », alors que les tiroirs de votre commode abondaient en robes, que vous ne portiez jamais.

Vous m'accusiez d'être candide. Je vous citais ces vers de Hugo :

Tour à tour marmot et barbon,
Je suis si bon qu'on me croit bête,
Et si bête qu'on me croit bon.

Vous me répondiez : « Mais mon pauvre ami, vous n'êtes ni bête, ni bon ! Vous êtes candide. »

Vous étiez incapable du plus innocent mensonge, le mensonge de politesse. Si venait quelqu'un pour me voir, et que je vous priais de dire que je n'étais pas à la maison, je vous entendais lui répéter : « Mon mari m'a donné l'ordre de vous dire qu'il est sorti »...

Je me demande souvent ce qu'est la sincérité dans cette comédie qu'on appelle le monde, et où chacun est obligé de jouer un rôle, et de vivre masqué. Votre caractère, c'était de ne porter aucun masque. Chère Marie-Louise, vous n'étiez pas faite pour être au monde...

Vous n'avez pas connu l'affaiblissement progressif des longues maladies. Pas davantage vous n'avez été surprise par la proximité de la mort, comme on peut l'être dans un accident. Entre ces deux manières de mourir dont l'une est celle du malade et l'autre celle du soldat, le sort a bien choisi pour vous. Il vous fut donné jusqu'au dernier jour d'ignorer la cause de votre mal et de croire que vous alliez guérir.

Mais le jour de votre mort, ce fut une récapitulation de toute votre vie. Et la mort vous a paru dès le matin de ce jour ce qu'elle était. Vous me disiez : « Soixante-douze ans de vie, vingt-cinq ans de mariage, et *un seul jour.* » Et le soir de ce jour, vous disiez : « Quel grand jour ! »

Ce dernier jour fut pour vous une liturgie, séparée par l'heure de midi. Le matin, dans votre chambre qui était pleine de lumière, sur un haut lieu de Nice dominant la vieille ville, vous avez passé une matinée calme. Vous avez reçu les sacrements dans des sentiments de reconnaissance et de paix. Vous m'avez dit : « Au fond, je vous ai fait souffrir parce que, toute ma vie, j'ai eu la *passion de l'absolu.* »

Puis vous m'avez demandé de vous répéter ces mots que vous teniez de la marquise de Vogüé : « *It's wonderful to die.* » C'est merveilleux de mourir.

Dernière visite*

Mon cher Henri,

Tu es mon cadet, mais nous sommes presque du même âge. Je n'avais que trois ans lorsque tu vins au monde et nous avons vécu ensemble près de quatre-vingt-dix ans. Tu as été la meilleure moitié de moi. Il se peut que tu reçoives aujourd'hui ma dernière visite.

Je te regarde, ton visage n'a pas changé, mais il me semble que tu me vois d'une rive invisible et lointaine. Tu es très proche de moi, pourtant, tu me sembles infiniment lointain. Je continue à vivre, et toi, tu t'apprêtes à mourir.

---

* Lorsque Jean Guitton s'adresse à son frère, ce dernier n'a plus que trois semaines à vivre.

Que de fois dans nos vies, ensemble, sur les chemins, dans les campagnes de la Creuse, nous avons parlé de cette minute que nous vivons en ce moment, sachant qu'elle arriverait un jour, voulant croire qu'elle n'arriverait jamais.

Moi, dans quelques minutes, je vais replonger dans Paris, et je vais être obligé de vivre, d'aller à mes affaires. Et toi, pendant le même temps, tu t'éloignes à jamais. Et, comme tu me le disais tout à l'heure, le journal qui vient de paraître te semble aussi lointain que les galaxies. Les choses ne t'intéressent plus, puisque toi tu les vois du côté de la mort alors que moi je les vois du côté de la vie.

Ainsi, bien que nous soyons unis plus que jamais, nous voici aussi loin qu'on peut le concevoir l'un de l'autre. Toi tu pars pour la Vie, moi je pars pour cette espèce de caricature de la Vie qu'on appelle la vie, la vie humaine, la vie des affaires, la vie des faux honneurs, des faux échecs.

Que de fois, pendant quatre-vingts ans, nous nous sommes entretenus de la vie et de la mort, mais sans savoir qu'un jour nous serions non plus en face des idées mais en face des réalités suprêmes. Mais sur des rives différentes, toi sur la rive de la mort, ou plutôt de la vie éternelle, et moi sur la rive de la vie temporelle.

Ensemble, nous avons souvent discuté du temps et de l'éternité, moi en philosophie, toi en économie politique. Et nous avons parlé du temps, de la durée, de la différence du passé, du présent et de l'avenir, et de tous les problèmes qui sont suscités par ces mots. Mais maintenant, c'est fini, c'est fini... Les problèmes ont disparu, nous sommes en présence de la réalité même.

Tu ne peux plus vivre longtemps, les médecins me l'ont dit. Dans un mois, tu ne seras plus avec nous, mais tu seras dans la Lumière, la lumière cristalline, transparente, immobile. Parvenu dans le mystère ultime, tu verras enfin les choses telles qu'elles sont. Tandis que moi, je continuerai à les voir telles qu'elles paraissent dans les apparences, dans ce brouillard obscur qu'on appelle la vie.

Toi tu seras dans la vérité, et moi je serai encore dans les ombres. Et malgré cela tu ne pourras rien me dire, le téléphone sera coupé entre nous, et se réalisera le mystère terrible des séparations. Les séparations entre les morts, c'est-à-dire les Vivants, et les vivants, c'est-à-dire les morts.

Lettre à mes confesseurs

C hers confesseurs,

Je n'aime pas me confesser.
De deux choses l'une : ou j'ai commis un péché considérable : une fois qu'il est dit, pourquoi recommencer en le confessant ? Ou bien ce sont des babioles et des péchés de religieuses, ceux que Cyrano décrit au dernier acte : « un tout petit regard, un tout petit pruneau ».

Je veux ici vous raconter un souvenir de ma vie qui m'a marqué dans les profondeurs. J'étais à l'École normale et j'allais faire un stage pendant les vacances dans une caserne. J'allais donc dormir sur un lit, à côté de mes camarades.

En ce temps-là, j'avais deux confesseurs, un qui était pieux et un qui était savant ; l'un s'appelait Plazenet, l'autre Pouget. Sachant que pour être libre, il faut opposer deux pouvoirs, je commençai par me confesser au pouvoir mystique.

Je demandai à Plazenet s'il fallait faire ma prière le soir au pied de mon lit. « Pas question, me répondit-il. Une fois dans votre lit, vous prierez seul, sans exciter les moqueries inévitables. » J'étais bien rassuré, quand je vins trouver mon autre confesseur, le père Pouget, dont j'ai fait le *Portrait**. Il n'hésita pas. Il me dit : « Votre devoir est clair : vous devez vous agenouiller devant vos camarades, pour montrer que votre foi n'est pas vaine. »

Il m'arriva de raconter cette anecdote à la maréchale Leclerc. Elle me dit : « Votre aventure était arrivée à mon mari, quand il était à Saint-Cyr. Il avait décidé de prier publiquement. Ses camarades avaient fait pleuvoir sur lui gamelles et polochons. " C'est ce jour-là, me disait-il, que j'ai mérité d'entrer à Paris et à Berchtesgaden. Car la plus grande difficulté de la vie morale et sociale, c'est de vaincre ce monstre qui est l'*opinion.* " »

* *Portrait de Monsieur Pouget*, Gallimard, 1985.

Pour moi, j'aurais préféré mourir au combat avec mes camarades que de m'agenouiller devant eux. Et, quand je le fis pour obéir à Pouget, j'étais comme mort au combat.

Trente ans passèrent. J'appris que le camarade qui était à côté de moi, Jean Maurain, s'était tué dans un accident de montagne. Son père était alors doyen de la Faculté des sciences, à la Sorbonne. Je vins le voir pour lui présenter mes condoléances. Il me dit : « Permettez-moi d'appeler ma femme. » J'ai vu paraître une petite femme qui me fixa du regard. Elle se borna à ces mots : « Mon fils m'a toujours raconté que vous disiez votre prière. Vous étiez donc croyant ! »

Depuis ce jour, j'ai mis dans mon portefeuille la photo de Jean Maurain prise par Irène Curie. Je la regarde souvent, en relisant une lettre de sa mère : « 3 juin 1969. Vous pensez encore à lui. Votre cœur vous a dicté de me le dire pour m'aider à porter ma peine... L'appui que vous m'avez donné, il y a deux ans, garde encore toute sa force... »

Chers confesseurs, que de fois vous ai-je

dérangés, que de fois ai-je eu l'impression que ni vous ni moi ne disions la vérité profonde et que nous nous contentions de bagatelles ou d'automatismes. Comme il est difficile de distinguer ses vraies fautes de ses fautes ordinaires et superficielles. Comme il est dur, presque impossible de se *connaître soi-même*. Comme il doit vous être difficile dans votre petite boîte de dire à chacun la parole éternelle !

De nos jours, on se confesse de moins en moins et, pourtant, la confession, et l'absolution, est parmi les sacrements un de ceux qui répondent le mieux à l'obligation humaine que Socrate avait reçue de la pythie à Delphes : « Connais-toi toi-même. »

On a voulu remplacer la confession par la psychanalyse. La différence est extrême : dans la cuvette du psychanalyste, le patient vomit sa faute sans la regretter. Tandis que dans la petite case du confessionnal, le pénitent s'unit à la Rédemption, qui est le mystère suprême du christianisme.

Charles de Foucauld s'était agenouillé à l'église de Saint-Augustin, au confessionnal d'un curé d'Ars moderne, l'abbé Huvelin. Il lui dit : « Mon père, je ne viens pas me confesser. » A quoi Huvelin répondit : « Confessez-vous. » Et de ce dialogue est sortie une des destinées les plus hautes.

Si la confession, cette confidence du mal, peut être faite à un homme, ce ne peut être qu'à un homme placé dans une attitude à la fois divine et maternelle, connaissant ce qui est dans l'homme et capable de porter les péchés du monde. Chers confesseurs, combien difficile est votre rôle ! Il vous faut être de grands intuitifs. Il vous faut savoir qu'aucun homme ne ressemble à aucun homme, aucune femme à aucune femme, aucune destinée à aucune destinée, et par conséquent qu'à chaque rencontre, il vous faut changer votre style et votre langage et proposer un progrès vers l'idéal.

Ceci revient à dire que la confession est presque impossible à l'homme, que ce soit du côté du pénitent ou du côté du confesseur. Et c'est d'ailleurs ce que l'Église proclame lorsqu'elle parle de ce sacrement où elle voit l'œuvre de la *grâce*.

Chers confesseurs, si je devais aujourd'hui m'agenouiller et vous confesser un seul péché, ce serait le péché d'*orgueil*.

Je n'ai guère de vanité, la vanité étant l'amour des choses vaines. Les « décorations » ne m'attirent pas. En revanche, comme le général de Gaulle, guéri de vanité, je me rattrape dans l'orgueil. La vanité est le désir de l'estime des autres. L'orgueil est la jouissance de sa propre estime !

Et je vais plus loin encore. Car mon orgueil est subtil : c'est l'orgueil d'être modeste. J'entends louer ma modestie, mon « effacement ». Hélas ! ma modestie est une *faute* lourde à porter : c'est le désir d'être loué deux fois.

Lettre au pape sur le sacerdoce

T rès saint Père,

Le père Lacordaire enseignait, avec raison, que l'on devait toujours aspirer à un état de vie, plus haut que celui où l'on se trouvait placé par office ou par choix. *Ami, monte plus haut !*
AMICE ASCENDE SUPERIUS.

Ce conseil de Lacordaire exprime le mystère de l'existence. La vie est un passage où se prépare l'éternité, lorsque Dieu, comme le dit saint Paul, *sera tout en tous.*

Vous me demandez, très saint Père, de porter en toute sincérité, à la fin de ma vie, mon témoignage de laïc sur le *sacerdoce*. J'ai vécu quatre-vingt-douze ans en ce vingtième siècle.

J'ai atteint l'âge où l'on prend connaissance

de soi-même, d'une manière inédite, parce qu'elle est la dernière, avant le Jugement. Alors, la vie ressemble à une grande aventure, interrompue trop tôt ; à une symphonie inachevée, après quelques mesures.

Et la conscience, cette voix de Dieu en moi, se pose la question suprême : ai-je été fidèle à cet appel divin que l'on nomme « la vocation », ou, tout simplement, « le devoir d'État » ?

Dans mon cas personnel, le problème était clair. Avais-je été créé pour être prêtre, ou pour être laïc ? A mes yeux, la vocation au sacerdoce était incomparable.

Et longtemps, très longtemps, j'ai cru que mon cas était rare. Mais en causant avec des amis, avec des confrères de l'Institut – et même des plus illustres –, j'ai dû constater, non sans surprise, que la plupart d'entre eux avaient comme moi formé le projet d'être prêtre. On l'a même dit de Staline.

FACTUS SUM MIHI MAGNA QUÆSTIO. « Je suis devenu pour moi-même un grand problème. » Ainsi parle Saint-Augustin dans ses *Confessions*. Oui, la vie d'un prêtre est un *mystère*. Mystère, certes, pour le laïc qui l'observe. Mystère, plus encore, pour lui-même.

Aujourd'hui, à la fin de ma vie, je voudrais tenter de *comprendre* ce mystère du prêtre. Et je crois être dans une bonne perspective. Car, pour bien comprendre le secret d'un autre être, il faut être à la fois très proche et un peu distant.

Ma première observation sur ce mystère du prêtre – vu par le laïque, en ce deuxième millénaire – porte sur le courage, le *cœur*, l'énergie spirituelle, ce qu'on nommait jadis la *vertu*.

Je considère qu'il faut un grand courage, quand on a vingt ans, pour s'offrir au sacerdoce – surtout dans l'Occident latin où l'état de prêtre implique qu'on renonce au mariage.

Or, cet engagement si noble est devenu, depuis le dernier concile, un engagement presque héroïque. On a vu exalter dans le concile la condition laïque, le mariage, le sacerdoce ministériel. Souvent, on a rappelé au peuple fidèle ce qu'enseignait le premier pape dans sa première épître, qu'il était, ce peuple chrétien, une « demeure spirituelle », un « sacerdoce saint ».

Je n'ai pas encore parlé du mystère sacerdotal, considéré dans son essence, et de ce qui distingue si profondément le prêtre et le laïc. Car, le prêtre que je décrivais était encore assez semblable à un laïque. Nous allons pénétrer dans un domaine nouveau, dans une région très mystérieuse, presque inexplorable où le prêtre et le laïc vont s'éloigner l'un de l'autre presque infiniment.

Le propre du prêtre, en effet, est de recevoir une dignité à la fois radieuse et douloureuse, à la fois naturelle et surnaturelle, mais inamissible qui le marque à jamais, comme un sceau, et à laquelle il ne peut renoncer alors même qu'il le voudrait. Il a reçu à jamais un double pouvoir, celui d'absoudre, celui de consacrer. D'absoudre le pécheur. De consacrer l'hostie, tenant la place du Christ lui-même.

Alors se pose, pour lui prêtre, pour moi laïc qui le regarde, plus que jamais la question de Saint-Augustin devant son mystère : *FACTUS SUM MIHI MAGNA QUÆSTIO*.

Ici, comme je ne cesserai de le redire, le mystère du prêtre me fait porter à sa plus haute intensité le mystère de chaque homme. Car chacun de nous est à la fois grand et misérable. Chez le prêtre vu par le laïc, la grandeur et la misère se présentent et se composent d'une manière unique et dramatique.

Comment un prêtre peut-il se connaître et s'accepter devant Dieu, devant Jésus, à la fois comme pécheur et comme sanctifié ? Je l'ai demandé à un ami prêtre, et il m'a répondu admirablement : « Je chante deux cantiques ; le *Miserere* et le *Magnificat*. »

Pendant vingt-sept ans, long espace de la vie, j'ai pu causer avec le pape Paul VI sur lequel j'ai écrit deux ouvrages[*]. A ce témoignage inspiré par l'amour, je voudrais aujourd'hui ajouter un trait inédit, que j'avais tu par un souci de discrétion.

Il était inévitable que, pendant ces vingt-sept ans, je parle au Saint-Père du problème qui occupait mon cœur, celui du prêtre et du laïc. J'étais avide de recueillir son conseil. Et, un jour, j'entendis de sa bouche cette confidence :

« Dans ma jeunesse, j'avais l'impression d'avoir des vocations multiples et qui étaient des appels à une vie laïque.

» Je voulais être sénateur comme mon père, médecin comme mon frère, contemplatif comme ma mère... Mais je voulais aussi être

---

[*] *Dialogues avec Paul VI*, dans *Œuvres complètes*, Desclée de Brouwer ; *Paul VI secret*, même éditeur, 1980.

artiste, être orateur, être voyageur, être évangélisateur...

» Comment accomplir ces vocations multiples, contraires et divergentes ? Je trouvai la solution. Pour accorder toutes les vocations laïques en les portant à leur sublime, pour être un laïc parfait, je n'avais qu'une solution : celle de me faire prêtre. »

*
* *

L'heure avance et il est temps de me tourner vers l'avenir, d'esquisser le profil du prêtre et du laïc de demain.

Notre siècle qui s'achève a connu la plus extraordinaire mutation de la technique. Tout porte à croire que le siècle futur verra l'homme explorer par satellite le ciel, échappant à la pesanteur par une sorte d'ascension physique, image et annonce de l'Ascension.

Nul ne peut prévoir l'avenir mais on peut définir sa structure. Mon maître le cardinal Newman a montré que l'avenir de l'Église est DÉVELOPPEMENT, non répétition, non révolution, mais identité vivante.

Les circonstances, les mentalités, les opportunités changent. L'Église semble changer. Elle change pour demeurer identique ; car elle unit en elle ce qui est uni dans le Christ : la *vérité* et la *vie*.

Comment va se présenter l'avenir et quel sera dans le monde de demain le rapport du nouveau prêtre et du nouveau laïc ? Je pense qu'ils seront unis plus que jamais, qu'ils auront plus que jamais besoin l'un de l'autre, qu'ils se verront l'un dans l'autre, comme dans un miroir. Le *Nouveau Catéchisme,* inaugurant une nouvelle évangélisation du monde, rappelle aux chrétiens que le mystère suprême est le mystère de la Trinité, qui illumine tout de sa lumière éternelle. « Tout est un, disait Pascal, mais l'un est dans l'autre, comme les trois personnes. »

Lettre à la femme qui porte un enfant

Quelle joie est comparable à ta joie ! Joie si unique en son genre qu'il n'existe pas dans nos langues de mot exact pour l'exprimer.

Tu vas connaître le bonheur d'*enfanter*, c'est-à-dire de projeter hors de ta chair ce que tu as en toi de plus intime. Ce secret de toi-même, inconnu de toi-même, va t'apparaître sous la figure d'un enfant né de toi.

En faisant « venir au monde » un enfant, tu participes à l'œuvre divine de la création : tu vas *pro-créer*. Qui dit « mère » dit création, ou plutôt coopération avec l'œuvre du Créateur de tout être. Alors tu vas connaître cette extase sublime que Dieu a voulu connaître (lui qui est tout esprit) lorsqu'il a « pris chair de la Vierge Marie ».

La maternité est la noblesse de la condition féminine. Que sont les infirmités biologiques en face de la charge de porter l'homme futur, de le nourrir de sa substance, de l'éduquer, de lui donner son premier modèle d'humanité et de pur amour ?

L'âge de la maternité, c'est l'âge où la femme est riche. Et je pense que l'enfant *épanouit* une femme. Ma grande amie Marie Belmont a mis au monde onze enfants ! Et je l'ai vue « jeunir » à chaque naissance et devenir pour ceux qui l'approchaient, comme l'a chanté le poète anglais Coventry Patmore, une « fontaine de virginité ».

And wedded lives which not belie
The honourable heart of love
Are fountains of virginity.

C'est Charles du Bos qui m'a fait connaître ces vers. Il les traduisait ainsi :

Et les vies mariées qui point ne trahissent
L'honneur résidant au cœur de l'amour
Sont des fontaines de virginité.

Dans quel monde vas-tu projeter l'enfant qui va naître ? Avant Hiroshima, l'homme mourait à chaque génération. Mais l'humanité ne mourait jamais. Désormais, l'humanité sait qu'elle est vouée à la mort comme l'individu. Et sans doute tu te demandes si, un jour, ton enfant ne te reprochera pas de l'avoir « mis au monde » ?

J'ai vécu ce vingtième siècle ; j'ai pu comparer les diverses époques de ce siècle sans analogue dans l'histoire par ses mutations et ses métamorphoses. Que de désillusions ! Avant la Première Guerre (j'avais treize ans en 1914), c'était l'illusion de la « Belle époque ». On croyait qu'il n'y aurait plus jamais de guerre. Et ce fut Sarajevo.

Mais n'allons-nous pas entrer dans une ère nouvelle ? Je contemple avec une espérance inquiète les jeunes qui vont passer la ligne mystérieuse de l'an 2000. Ils sont si différents de nous : comme une nouvelle espèce humaine.

Et je me demande si la génération qui va passer l'an 2000 ne sera pas la génération des « derniers hommes » (c'est-à-dire la dernière génération des hommes) – ou, au contraire, la génération des premiers hommes. Ne va-t-on pas voir paraître une nouvelle humanité ?

Nous ne sommes pas pareils à nos prédécesseurs. Nous vivons dans une *ère des temps* qui vont finir. Une nouvelle ère des temps va peut-être apparaître ! Le passé, si long qu'il ait été, ne nous intéresse plus. Avec les progrès de la technique, nous assistons à une « nouvelle génération ».

Dans les temps anciens, pour avoir « l'espérance », on se reportait vers les pères : l'espérance venait du passé. Maintenant, c'est l'inverse : le passé est si lointain, si différent, qu'il ne nous apprend plus rien. L'espérance ne nous vient plus du passé : *l'espérance nous vient de l'avenir*. Elle nous vient par l'enfant que tu portes.

*
* *

L'enfant est là, dans son berceau. Menacé, fragile, démuni, tranquille, souverain. Virgile disait, voici deux mille ans, que l'enfant commence sa vie par un sourire. Sourire de sa mère ? Sourire à sa mère ?

Et nous tous, en cette sombre fin du siècle, quand nous cherchons une raison d'espérer contre toute espérance, nous la trouvons dans le nouveau-né. L'enfant ne sait rien. Il ne dit rien. Il nous force à espérer. Il ne pose pas de problème : par le sourire, il les résout tous.

Lettre à Marthe Robin

C'hère Marthe Robin,

Un jour où je demandais au cardinal Daniélou quel était pour lui, au vingtième siècle, l'être le plus invraisemblable, le plus *extraordinaire* sur cette planète, il m'a dit : « Il n'y a pas à chercher ; il est bien connu. C'est Marthe Robin. » Je lui ai demandé pourquoi il vous considérait comme l'être le plus étrange de la planète. Alors il m'a rappelé ce que vous étiez.

Qu'en 1930, alors que vous aviez vingt-huit ans, vous avez été frappée d'un mal mystérieux et que, peu après, étaient apparues sur votre corps ce qu'on appelle les stigmates, c'est-à-dire les traces de la Passion du Christ. Et vous avez vécu un demi-siècle, paralysée, dans l'obscurité, sans dormir, sans manger, sans boire surtout, souffrant et revivant chaque vendredi cette Passion. Et cela jusqu'à votre mort le 6 février 1981.

Plus de cent mille personnes, en provenance de toutes les classes de la société – des évêques, des théologiens, des philosophes, des médecins, des jeunes, des malades, toute la salade humaine – ont défilé dans votre petite chambre.

Et moi, j'y suis venu bien des fois puisque je crois vous avoir vue pendant vingt-cinq ans, et chaque année une heure.

On était d'abord attiré par l'extravagance, l'impossibilité de votre vie. Et il m'est arrivé bien des fois de raconter ce que j'avais vu et de n'être cru de personne. Vous étiez en dehors de ce monde, plus que tous les autres humains sur cette planète, et pourtant, plus que tous les autres humains, vous étiez comme tout le monde, et plus simple encore que le plus simple.

Car le plus extraordinaire en vous, ce n'était pas du tout l'extraordinaire, c'était au contraire l'ordinaire. Vous étiez simple comme un plat qu'on peut manger à toute heure du jour, comme un matin de printemps, comme une conversation avec ses amis au coin d'un feu. Vous étiez douce, calme, familière, sans surprise. Le plus étrange, dans votre cas, c'était la vie humaine dans ce qu'elle est, comme toutes les vies, quotidienne, ordinaire et banale.

Le fond de votre pensée, en réalité, c'était que l'extraordinaire n'est pas important. Il s'agit de le dépasser, de le surmonter. Que la plus haute manière de traduire le surnaturel, c'est le naturel, le naturel devenu charnel, comme il est apparu dans le Christ, et en particulier dans sa Passion. En vous voyant, Marthe, il m'est venu à l'idée que la plus haute traduction possible de l'éternité, au fond, c'est le temps. Et que le plus désirable dans l'extraordinaire, c'est le tout ordinaire.

Il y avait en vous un abîme entre ce que vous paraissiez, une personne qui ne mangeait pas, qui ne buvait pas, qui souffrait tous les huit jours des souffrances épouvantables, qui se croyait damnée, rejetée par Celui qu'elle aimait entre tous, – et ce que vous étiez chaque jour, simple, mourante et solitaire, présente à tous et à tout, donnant réponse à toute incertitude, *soufflant* sur les problèmes comme on souffle sur une flamme, pour les porter d'emblée à leur solution.

Vous connaissez sans doute votre sœur dans le passé, qui s'appelait Catherine Emmerich, qui a vécu mourante comme vous. Elle reçut un jour la visite de l'homme le plus célèbre de ce temps, Clemens Brentano, qui avait grandi dans l'entourage de Goethe et qui mettait Goethe au-dessus de tous les hommes. Mais au-dessus de Goethe, il mettait Catherine Emmerich.

Lorsque Clemens Brentano raconte son premier contact avec Catherine Emmerich, il décrit mes impressions lors de notre première rencontre.

« En six minutes, Catherine fut familière avec moi comme si je l'avais connue depuis longtemps, depuis toujours. Tout ce qu'elle dit est bref, mais simple, plein de profondeur, de charme, de vie. Avec elle je comprenais tout. Elle était si différente d'elle-même, tantôt aimable, tantôt grave, tantôt rustique, toujours naïve, enjouée, fraîche, chaste, saine, sainte, toute campagnarde. Toujours agonisante. Être assis près d'elle était pour moi le plus beau siège du monde. »

Et un jour où je parlais de vous avec mon confrère Marcel Brion, Brion me dit : « Le génie poétique que Brentano avait admiré dans Goethe, il le trouvait chez Catherine Emmerich, incarné, crucifié, sublimé. » C'est exactement ce que j'ai ressenti, lorsque je me suis trouvé face à face avec vous pour la première fois.

Et quel était le trait caractéristique, principal de Catherine et de vous ? C'est que vous étiez naturelles. Vous pouviez monter et descendre sans effort l'échelle qui va du familier au sublime. Je vous voyais tantôt très enjouée, gaie, drôle comme un enfant (car vous adoriez rire), tantôt visitée par une mélancolie profonde, parce que vous étiez en contact avec l'enfer du monde.

En somme, vous étiez toute à tous parce que vous étiez toute au Tout. Vous pouviez parler moutons avec le berger, atome avec un physicien, programme avec un politique.

Marthe, Marthe, je ne vous ai jamais *vue* puisque vous viviez dans les ténèbres. Et pendant les vingt-cinq ans où je vous ai visitée, vous n'avez été pour moi qu'une voix. Une voix dans la nuit. C'était une voix surprenante de tendresse, de douceur et de vigueur. Une voix d'abord timide, hésitante et pure, enfantine et gamine. Au début, votre voix ressemblait à un oiseau qui prendrait son vol. Puis, petit à petit, sans crier gare, votre voix chétive devenait forte, comme si vous alliez prêcher la croisade.

Un jour, vous m'avez permis de frôler votre visage. Vous m'avez dit : « On s'embrasse. » Alors une fois seulement, et c'est rare dans l'histoire des amours, j'ai osé baiser votre front.

Paradoxe invraisemblable : celui qui m'introduisit auprès de vous, le Dr Couchoud, fut l'esprit le plus négateur de ce siècle. Couchoud niait l'existence historique de Jésus : il ne retenait du *Credo* que les mots « sous Ponce Pilate ». Le reste était légende. Il m'avait dit : « Je vais vous définir Marthe. C'est un cerveau. » Vous répliquiez : « Ne suis-je pas plutôt un cœur ? »

Cerveau et cœur sont-ils chez l'homme séparables ? En vous, Marthe, les choses ne se séparaient pas. Vous habitiez ce point central, immobile, indivisible, où les rayons convergent.

Et je me récitais en vous voyant si gaie cette remarque de Valéry : « Les hommes vraiment grands sont tout près des autres par la même simplicité qui les en éloigne à l'infini. Car ces hommes vraiment grands conservent dans leur rapport avec les choses profondes et difficiles dont ils font leur intimité les mêmes attitudes, celles qu'ils ont avec tout le monde ; ils sont à la fois familiers, délicats et vrais. »

Couchoud de son côté me disait : « Je tiens Marthe pour une intelligence lumineuse, au centre d'une expérience privilégiée et d'un ineffable sacrifice. »

Votre idée la plus radicale, c'était de souffrir l'enfer du monde présent, qui est l'absence de Dieu, prenant sur vous la charge de souffrir, afin que l'enfer soit à jamais vidé. De ce point de vue, vous ressembliez à Péguy : « Vider l'enfer, vider l'enfer ! » proclamait-il. Mais à la différence des autres (qui vident l'enfer en paroles), vous vouliez vider l'enfer en vous jetant vous-même dans les flammes et en souffrant pendant trente ans, tous les huit jours, les expiations.

Je me souviens encore qu'étant seul avec Couchoud, et parlant de vous sur le quai d'une gare, je l'entendis, penché à la portière du train, me réciter ces quatre vers :

Ce que tu ignores, je l'ignore,
Ce que tu sais, je voudrais le savoir,
Ce que tu pries, il m'en vient une effluve,
Ne m'oublie pas, ô vivant.

Ne m'oubliez pas, ô vivante, ne m'oubliez pas.

Le mystère féminin

A Marie qui lui demandait un miracle, Jésus, selon saint Jean, répondit : « Que t'importe, ô ma mère, mon heure n'est pas encore venue. »

Cette déclaration pourrait s'appliquer à la femme, en cette fin de vingtième siècle. L'heure de la femme n'est pas encore venue dans l'histoire du monde, bien que plusieurs signes portent à croire que cette heure n'est plus lointaine.

Jusqu'à l'époque présente, et depuis les origines, la femme n'a pas encore parlé de la femme : la femme a été célébrée, ou maudite, par l'homme, à travers le cerveau masculin. Elle vivait, elle grandissait, elle mûrissait, elle mourait dans un univers tout entier occupé par le mâle.

Le temps viendra bientôt où la femme sera. Comme le disait Rainer Maria Rilke, ces deux mots ne signifient pas seulement le contraire du mâle, mais quelque chose qui vaut par soi-même, « la femme dans son humanité ».

Rilke ajoutait que ce progrès transformerait l'expérience de l'amour. L'amour ne sera plus le commerce d'un homme avec une femme, mais celui d'une humanité avec une autre. « Cet amour plus humain, plein de respect et de silence, c'est celui que nous préparons. Il consiste en ce que deux solitudes se protègent, se limitent et s'honorent. »

A la fin du second millénaire, nous assistons en ce domaine secret plus qu'en plusieurs autres à une mutation dans les profondeurs : qui sait si l'amour, ce mystère si ambigu, ne va pas recevoir un nouveau visage ?

Alors réfléchissant sur le mystère de la femme et sur le mythe de la princesse, les hommes comprendront que dans la projection mystique et poétique qu'on appelle la princesse, tout est déjà présent, mystérieusement préfiguré. Théodore de Banville au siècle dernier avait chanté ce mystère de la femme élevée à son plus haut degré de beauté et de noblesse :

Les princesses, miroirs des cieux, orients, trésors
Des âges, sont pour nous au monde revenues,
Et quand l'artiste implore, qui les a seul connues,
Leur ordonne de naître et de revivre encore...

On revoit dans un riche et fabuleux décor,
Des meurtres, des amours, des lèvres ingénues,
Des vêtements ouverts montrant des jambes nues,
Du sang et de la pourpre et des agrafes d'or.

Les princesses, dont les siècles sont avares,
Triomphent de nouveau sous des étoffes rares ;
On voit les clairs rubis sur leurs bras s'allumer,

Les chevelures sur leur front étincelantes
Resplendir, et leurs seins de neige s'animer,
Et leurs lèvres s'ouvrir comme des fleurs sanglantes.

Banville appelle « triptyque de la perfection » le lieu où se rencontrent les trois femmes qui incarnent l'amour sublime et qui étaient pour lui la mère, la sœur et la sainte.

A la princesse lointaine

> *Chacun soupire pour Une*
> *Blonde, châtain ou brune, maîtresse...*
> *Moi, j'aime la princesse...*
> *Lointaine.*

L e diable qui dissout l'amour, c'est le recommencement, la vie quotidienne, la dissolvante habitude.

Ceux qui s'aiment pâtissent d'être ensemble. Et c'est pourquoi, à l'heure où la morale se défait, c'est-à-dire où le serment s'altère, il y a tant de divorces.

Il faudrait que la femme que j'aime, et avec laquelle je suis associé par un serment éternel, soit chaque jour différente d'elle-même, toujours lointaine, toujours princesse. Il faudrait que la femme sache apparaître toujours différente.

Il faudrait que le commencement du mariage soit un rite unique et solennel, comme tout ce qui est premier, tout ce qui commence à jamais, et que toutes les nuits qui suivent le mariage soient comme des conséquences de la première, et que tout recommence sans jamais se répéter.

Hélas ! cet idéal est impossible aux pauvres humains. Mais une faculté que Dieu nous a donnée permet de créer des mirages. Elle a pour nom l'*imagination*. On ne peut être heureux en amour que par imagination. La visite des musées, la lecture des poèmes, l'audition des concerts, la beauté des nuits étoilées et la splendeur du silence, tout cela est imaginaire. Mais sans l'imagination il n'y a pas de bonheur.

La femme, comme l'artiste, devrait savoir que le principe de l'art de plaire est d'ébranler l'imagination sans jamais la combler, en lui laissant la marge infinie du possible. Que la beauté doit être furtive comme une apparition.

C'est donc toi, princesse lointaine, qui restes dans ma vie la source cachée, l'inspiratrice muette, la présence vertigineuse et silencieuse.

Ô princesse, ô lointaine. C'est parce que tu n'existes pas que je t'aime. Plus beau que la parole est le silence, plus beau que la présence est l'absence, plus beau que la possession est le désir. Car le vrai jouir, c'est l'attente, c'est le désir. Lorsque j'étais enfant, le plus beau jour des vacances, c'était leur veille, chargée d'espoirs et d'illusions.

On aimerait être éternel, être déjà hors du temps, dans l'être ou dans le néant. On ne le peut. Et il est vrai de dire, avec Thérèse d'Avila : « Je meurs de ne pas pouvoir mourir. »

Lettre à Colette

Colette,

Je t'ai aimée, Colette, lorsque tu étais dans ta septième année. J'avais le même âge que toi. Ce ne fut pas long : car tu devais mourir de la diphtérie l'année suivante.

Mon amour ne s'est jamais éteint. Ô amours enfantines ! Souffrances enfantines ! Qui vous a parfaitement décrites ? Qui vous a vraiment célébrées ? Vous êtes les plus vives des amours et des douleurs, parce que vous êtes des amours et des souffrances toutes pures.

Nous n'avions pas quatorze ans à nous deux. Nous étions vierges et plus que vierges, puisque nous ne savions pas le sens de ce mot de vierge.

Nous étions pour ainsi dire dans l'innocence de l'innocence.

Tout avait commencé dans un jardin.
Il y avait un jardin, comme le jardin d'Adam et d'Ève au Paradis. Nos parents nous laissaient jouer dans ce jardin.
Ce jardin avait une grille en fer forgé qui était rouge. Ce jardin était bordé d'un petit mur moussu où il y avait, au milieu de la mousse, une pierre taillée en forme de trône, et on l'appelait « le petit fauteuil ».
C'est là que, Colette, un jour tu t'étais assise comme une reine. Et tu étais vraiment ma reine.
Il y avait aussi dans ce jardin un petit bassin qui était interdit. Et comme il nous était défendu d'en approcher, il était tentateur.
Nous étions heureux (sans savoir pourquoi) d'être ensemble ; nous jouissions d'exister sans avoir à nous parler. Le silence est un repos pour les amours, même pour les amours enfantines.
Et pourtant, il y avait un *je-ne-sais-quoi* qui nous troublait : c'est que nous étions très près l'un de l'autre, que nous nous aimions profondément, et que, malgré tout cela, nous n'étions pas vraiment *mariés*. Nous désirions de tout notre cœur être *mariés*.

Or ma mère avait une sœur appelée Thérèse, aussi différente d'elle qu'il était possible de le concevoir (car ma mère était calme et sa sœur était extravagante). Comme si Dieu avait dans cette famille déposé des contraires.

Elle s'était dévouée à notre famille, sans avoir pu trouver un mari. Nous l'interrogions sur le mariage. Elle nous disait qu'un mariage se faisait au milieu de la nuit, sous les étoiles. Et que l'on se mariait comme se marient les étoiles.

Nous désirions un mariage d'étoiles.

C'était en avril, vers la fin des vacances de Pâques. Les pêchers étaient en fleurs. A travers les pétales, j'apercevais ton visage caressé par la lumière.

Tante Thérèse nous avait dit qu'avant de se marier il fallait se donner un baiser. J'aurais voulu te donner ce baiser. J'avais fixé le lieu où je placerais ma bouche, entre tes deux yeux, là où il me semblait que s'était réfugiée ton âme. Je te disais : « Tu es toute belle », réinventant pour toi la phrase éternelle de tous les amours.

J'aurais voulu te caresser, mais une force qui partait de mes bras et qui était plus forte que moi-même me rendait la chose absolument impossible. Tu le compris et tu me tendis ton petit bras, en me disant très gentiment : « Vous pouvez... »

Alors, je caressai ce bras. Ou plutôt je le frôlai, comme si, au lieu d'être un bras de petite fille, il avait été un sacrement de toi-même. Je te regardai. Il fallait que j'eusse l'air stupide ; ce jour-là, tu te mis à rire : « Ah ! que toutes ces choses sont simples et que ce petit garçon les complique ! »

« Colette, te demandai-je alors, est-ce que nous sommes mariés ? – Pas encore, répondis-tu. – Alors quand est-ce que ce sera ? » Et là, tu me dis, avec l'art si féminin d'éluder les questions : « Je vais vous donner une image. »

Et tu cherchas dans ton livre de messe un souvenir de ta première communion. On y voyait un enfant qui s'avançait dans un parterre de lis. Et il y avait au-dessus une inscription tirée du Cantique des cantiques : *Je suis à mon bien-aimé et mon bien-aimé est à moi, lui qui fait paître son troupeau parmi les lis.*

C'est ainsi que tu me donnas une fleur de lis. Mais j'étais encore très triste, parce que je savais que nous n'étions toujours pas mariés.

Tante Thérèse nous expliquait que, pour se marier, il fallait d'abord s'aimer, et s'aimer d'une manière ardente. « Est-ce que vous vous aimez ? » me demanda-t-elle. Alors je lui dis que tu m'aimais beaucoup. « Cela ne suffit pas que tu sois aimé, il faut aussi que tu aimes à ton tour », ajouta-t-elle avec un soupir plein de tristesse.

*
* *

La veille de notre « mariage », j'imagine que tante Thérèse invoquait autour de nous les anges qui s'éveillent à minuit et qui rachètent alors ce que « le démon de midi » garde de diabolique.

Ces anges se préparaient à nous faire un cortège et à nous couvrir de leurs ailes immenses, comme d'une toiture empennée, afin que notre mariage ne fût connu que de Dieu.

Je me suis demandé plus tard pourquoi tante Thérèse avait voulu que ce mariage s'accomplît au milieu de la nuit. Sans doute avait-elle pensé à l'Évangile des vierges folles où il est dit : « Au milieu de la nuit, il se fit un grand cri. Voici l'époux. »

Minuit sonna. Les douze sons tintèrent discrètement, comme si la hallebarde eût frappé trois fois. Au deuxième coup, tante Thérèse avait ouvert la porte. Elle était habillée d'une robe de chambre blanche parsemée de roses pâles. Elle nous dit : « *C'est l'heure.* »

Tu semblais habiter un autre monde, plus paisible que ce monde, plus chargé de bonheur. Tu avais emporté nos noces dans les cieux. Ton visage était penché vers moi. Tu gardais ta main dans la mienne, avide de poursuivre cette vision que j'avais interrompue par notre mariage.

Alors ma tante, pleine d'enthousiasme, prononça ces quelques mots : « *Maintenant, vous êtes mariés.* »

Savoir que nous étions mariés causait à ma tante un contentement total. C'était le genre de plaisir qu'ont les adultes une fois que les promesses sont scellées, une fois que les mots irréparables ont été dits, une fois qu'on est enchaîné par ses actes et qu'on ne peut plus revenir en arrière.

Le lendemain, à table où nous déjeunions tous les trois, tout était couvert de fleurs blanches. Nous ne faisions alors allusion à rien. Tu étais avec moi semblable à ce que tu étais tous les jours. Je me souvenais seulement de la nuit que nous avions passée ensemble et de mon baiser. Je me disais : personne ne le sait, mais nous sommes cette fois-ci mariés pour toujours.

Je crois que le mot *toujours* prit alors un sens nouveau à mes yeux. Je vis une route très longue, très longue. Et sur cette route, nous étions tous les deux, et nous étions encore des enfants. L'idée que nous pourrions devenir des grandes personnes à notre tour ne se présentait pas.

On dit que les enfances sont des paraboles. Et qu'elles annoncent d'une manière obscure tout ce qui nous arrivera dans la vie. Je le crois volontiers. Pourquoi n'y aurait-il pas aussi dans l'enfance ce que Freud appelle des *complexes,* qui ne sont pas des complexes d'impureté, mais des complexes au contraire de pureté, qui ne pèsent pas sur la vie, mais qui l'allègent toujours ?

Lettre à Odette Pinton

Chère Odette,

George Sand vivait à Gargilesse, en Creuse. Elle appelait ce village « ma trouvaille et mon rêve ». Pour moi, la Creuse, c'est d'abord un *pays*.

Et un *pays*, c'est une circonférence qu'on trace à partir d'une demeure, d'un château ou d'une chaumière et qui a environ cinq kilomètres de rayon. Ce grand cercle m'offre tout ce qui existe : les champs, l'ondulation des collines, les méandres des routes, les oiseaux, les vaches, les forêts et les bois. Mais aussi les hommes, les femmes qui travaillent sous un ciel toujours changeant. Notre pays, Odette, c'est une terre bordée par des villages que vous connaissez mieux que moi... Le Puy-de-Mergue, le Marambaud, Théollet, Épinasse, La Châtre.

Le Deveix est le centre de la circonférence. Lorsque j'étais enfant, j'imaginais que c'était aussi le centre de la France : on n'était pas loin du point où le méridien de Paris coupe le parallèle 46. Et j'avais une sorte de naïve fierté à penser que j'étais presque au centre du monde puisque « le centre est partout et la circonférence nulle part » (Pascal).

Au fond chacun – et c'est le charme de la prunelle – doit croire qu'il est unique, immobile, solitaire et qu'il laisse autour de lui tourner les étoiles.

Chère Odette, vous êtes de ce pays. Vous n'aviez que trois mois lorsque votre père est mort, d'un accident de batteuse. Après avoir passé votre certificat d'études, vous êtes restée à la ferme. Et c'est dans votre pays que, un jour de juin 1951, après vous avoir vue dans une foire, Robert vous a demandée en mariage. Depuis, vous avez vécue heureuse au Deveix.

Hélas ! La campagne n'est plus la campagne, me dites-vous. Aujourd'hui, le village est triste, faute d'habitants.

La Creuse que j'ai connue avant la Première Guerre, c'était la Creuse du temps des croisades ; la Creuse du temps des Gaulois ; c'était aussi la Creuse du temps du roi Numa et de la fondation de Rome. Car rien n'avait changé depuis Vercingétorix et César. Lorsque j'entendais mon professeur expliquer Virgile, il me semblait entendre ce que Virgile appelle le « gémissement des bœufs ».

J'ai connu une vieille paysanne, Françoise Chabrat, que j'ai vue filant la laine, de telle sorte qu'elle pouvait se vêtir avec sa quenouille, se nourrir avec sa chèvre. Elle ne parlait que le patois. Nous ne nous comprenions pas, mais nous nous entendions. Les cloches, je ne les entendais que les jours où il avait un mort.

Le 10 août 1813, une certaine Madeleine Chapelle, femme creusoise, écrivait : « C'est un joli garçon ; je t'enverrais bien son portrait. C'est un peintre. Pas un peintre en bâtiment, c'est un grand peintre d'histoire, un grand talent. Il est d'un bon caractère, très doux ; il n'est ni buveur ni joueur ni libertin. Il promet de me rendre bien heureuse et j'aime à le croire. »

Madeleine Chapelle était modiste à Guéret. Celui auquel elle voulait unir sa vie, c'était Ingres. C'est ainsi que la Creuse, par une femme qui était pour Ingres ce qu'Elstir fut pour Proust, le type de la beauté, la Creuse s'est inscrite dans l'histoire des peintres.

La Creuse est une partie de la Marche, et la Marche est une terre frontière. Elle a vu expirer l'invasion arabe. Elle a vu expirer l'invasion anglaise. Elle a vu expirer l'invasion allemande. Mais avant ces drames, la Creuse était une terre de poésie, de mystère et de paix. Un pays d'ermites, de chevaliers, de fées.

Dans cette Creuse, j'ai vu se dérouler la ronde des saisons. La saison que je préférais était celle des « vacances de Pâques » : c'est le moment où tout va paraître mais où tout ne paraît pas encore. Ma mère me disait que, lorsqu'elle était enfant, elle aimait l'oiseau au moment où l'on croit qu'il va s'envoler.

La Creuse était pour moi le pays que l'on peut creuser, qui a de la profondeur. Or la *profondeur* m'a toujours paru l'image du plus grand mystère : cette vallée, au zénith de la quinzaine pascale, une mélancolie sacrée où le sourire de la résurrection commence à se dessiner.

En été, au milieu du mois d'août, mon grand-père me désignait la pleine lune pâle, pensive avec ses tons d'ivoire. On ne savait pas que l'homme y poserait le pied. Mais cela me donnait l'idée d'une pluralité possible des mondes, d'un autre univers que le nôtre mais qui serait pensif, comme en état d'extase.

Dans notre pays, chère Odette, le ciel est toujours en train de changer. Depuis ce matin où, avec Finette, la chienne qui me reconnaît toujours, vous êtes venue m'apporter « le lait plat » dont parle Valéry, le ciel s'est modifié cinq fois.

Chaque matin, vous venez me faire votre « gazette ». Je n'en perds aucun mot. Vous commentez les potins de notre pays ; les morts, les nouveau-nés ; le curé, le maire et le notaire – tout ce petit monde, si parent du grand monde. Et, comme en 1914, dans ce même décor, la question d'Orient. Et revient encore, en 1993, ce même nom plein de poésie, *Sarajevo*.

« J'ai retrouvé les sentiers d'autrefois avec un réél plaisir, écrivait ma mère en 1900. Le plaisir de se retrouver jeune fille là où on a été enfant et de faire une excursion dans le passé. J'aime à lire en ayant devant les yeux un vaste horizon. Les belles pensées des hommes me semblent s'harmoniser avec les beaux lieux, et, le soir surtout, je lis avec un plaisir infini. Dimanche, où la soirée était magnifique, c'était délicieux. Tantôt je lisais, ou je fermais mon livre pour lire quelque chose de meilleur encore dans cet autre lieu plus profond et mystérieux qui m'entourait. »

L'homme passe, les choses restent
Par elles, des morts aux vivants,
A travers les destins mouvants,
De doux liens se manifestent.

Odette, et vos trois filles Renée, Yvette et Bernadette, je ne puis vous oublier dans ce pays dont vous êtes l'image.

A la fille que je n'ai pas eue

És lisabeth,

Je n'ai jamais regretté de ne pas avoir un enfant du sexe mâle. Mais j'aurais intimement, ardemment désiré « avoir » une fille.

Car je pense que la relation d'un père et d'une fille est une relation d'une douceur et d'une force infinies.

Alors que dans le lien d'une mère à sa fille, il y a je ne sais quoi d'un peu physique, notre lien, Élisabeth, aurait été spirituel, abstrait. Car aucun état de son enfant, ni dans sa préhistoire ni dans son histoire, ne retentit dans la chair de son père. Un père est uni à sa fille par un lien d'esprit. Tandis que la « maternité » est visible, sensible, tangible, la paternité demande un acte d'intelligence.

Élisabeth, si tu avais été, j'aurais reconnu en toi « mon image et ma ressemblance », à chacun des âges de ta vie. Entre toi et moi, le féminin, *toi*, se serait opposé au masculin, *moi*, sans être son contraire. En toi toute petite, je me serais reconnu dans ta fragilité ; en toi adolescente, j'aurais retrouvé l'image de mes faiblesses. J'aurais retrouvé mes colères transposées dans le farouche de la jeune fille que tu serais devenue.

Et toujours il eût été doux de me voir en toi, comme en un miroir de moi-même.

Élisabeth, tu aurais été ma plus tendre amie.

Et pourtant, ma fille, tu n'as pas été. Je me console en me disant qu'en même temps que l'on possède, on redoute de perdre. Élisabeth, si tu avais été, alors je n'aurais plus vécu le jour ni la nuit. L'idée de tes larmes aurait assombri la moindre des joies que tu m'aurais données.

Parfois, je tente de te retrouver, telle que tu aurais pu être. J'ai même cherché à peindre ton visage. J'ai parcouru quelques musées pour en trouver une trace. Mais je n'ai jamais trouvé ce visage. Ce teint d'or pâle, ce regard distrait, cette joie mélancolique, ce je-ne-sais-quoi qui te rend si différente de toutes les autres femmes. Elisabeth, je ne pourrai jamais te peindre.

J'incline désormais mon âme vers la tombe, « comme un bœuf ayant soif penche son front vers l'eau » (Victor Hugo).
Et je me demande si vraiment je désire t'avoir auprès de moi lors du dernier crépuscule, « l'Ange de l'agonie », à la fois très proche et très lointaine, te fondant dans les brumes de ce dernier soir...
Tu sais que j'ai toujours eu besoin d'un ange pour me garder, un ange silencieux, le doigt posé sur les lèvres, et qui se bornerait à sourire.

Lettre à Marcel Proust

Cher Marcel Proust,

Je regretterai toujours de ne pas vous avoir rencontré. Il me semble que l'Ange des rencontres, celui dont m'a parlé Étienne Souriau, l'ange qui veille sur les nations et les destinées, l'ange qui veille sur les Lettres, – cet ange a suscité en notre temps deux créateurs qui se complètent : Balzac pour révéler le monde extérieur, Proust pour révéler le monde intérieur.

Et si j'étais, comme Robinson, jeté seul dans un désert, c'est votre œuvre que je choisirais pour me connaître moi-même.

Lorsque Daniel Halévy évoquait l'enseignement de Bergson, votre cousin, au Collège de

France, il me disait : « Bergson ne faisait pas voir les objets et les gens. C'était tout autre chose : il suscitait, il réveillait en moi la faculté même de voir. »

Vous m'avez appris à VOIR. A voir ce que j'avais été, dans ce temps oublié, inconnu, imaginé par l'adulte et non pas vécu par le sujet, qui est le temps de mon enfance.

Mais, plus encore – ce qui n'est jamais dit à votre propos – vous m'avez appris à pressentir ce que je serai demain (j'ai quatre-vingt-douze ans) dans ce temps inexplorable auquel chaque homme pense en silence et que l'on nomme « immortalité ».

Si le néant nous attend pour nous engloutir dans un sommeil sans songe, l'avenir se cache dans les sépulcres. Plus de matière, plus de mémoire. Mais, si nous survivons d'une manière mystérieuse, il est nécessaire que l'essence de nos souvenirs et de notre destinée historique, de ce que nous avons aimé en cette vie passagère, que *cela* subsiste, éternellement métamorphosé.

Voilà ce que j'ai appris en vous lisant, et ce qui est pour moi votre testament.

Nul ne peut oublier le récit de la mort de Bergotte, où vous anticipez, au-delà de la mort, ce que sera votre survie.

Bergotte a passé la soirée à contempler un détail qui était un petit pan de mur jaune. Une attaque le terrasse. Il est mort. Mort à jamais, dites-vous. Et vous vous demandez alors si les actes de notre vie, en particulier les actes de délicatesse morale, ces obligations qui n'ont pas leur sanction dans la vie présente, ne vont pas avoir une existence nouvelle. « On l'enterra. Mais toute la nuit funèbre, aux vitrines éclairées, ses livres disposés trois par trois veillaient comme des anges aux ailes déployées et semblaient pour celui qui n'était plus le symbole de la résurrection. »

*
* *

Votre projet était de composer un seul livre, une seule *œuvre d'art* qui serait la synthèse de tous les arts, comme était, au Moyen Age, la cathédrale.

D'abord, elle serait architecture. Elle serait habitée par l'idée de l'ensemble : rien ne serait soumis au hasard. Puis elle deviendrait symphonie : chaque partie serait une musique. Et dans cette musique parlante, par une sorte d'écho, chaque parcelle de l'œuvre serait un miroir du tout. Et toutes les parties se renverraient leur image.

Architecture, symphonie, peinture, poésie... Tout finalement baignerait dans un brouillard doré « avec des effets de lumière atténuée, des remords modifiant l'idée d'une faute, avec des femmes à demi plongées dans l'eau, comme des statues ».

A la fin de votre vie, vous confessiez avec une sorte de regret plein d'angoisse que votre Cathédrale serait, hélas ! inachevée. Mais peu importe qu'une œuvre de beauté ait dix pages ou dix mille pages ! « L'écrivain, disiez-vous encore, doit préparer son œuvre minutieusement, avec de perpétuels regroupements de force, comme une offensive, la supporter comme une fatigue, la suivre comme un régime, la vaincre comme un obstacle, la conquérir comme une amitié, la suralimenter comme un enfant – vous n'y avez pas manqué ! –, la créer comme un monde... »

Et cela, disiez-vous, afin que vos lecteurs vous négligent et qu'ils deviennent les lecteurs d'eux-mêmes, votre livre n'étant qu'un verre grossissant qui nous aide à nous connaître nous-mêmes dans le plus intime.

*
* *

Je n'ai pas encore avoué ce qui m'a le plus rapproché de vous. Nous avons exploré vous et moi des domaines différents, et sans frontière entre eux. Je n'avais aucune expérience de l'univers mondain, frivole, et parfois vicieux, où vous étiez plongé. Et vous n'aviez pas été plongé dans le monde des philosophes et des clercs.

Nous étions séparés par des abîmes. Toutefois, il y avait entre ces deux abîmes une arche. Il existait entre nos deux efforts une intime ressemblance. Nous nous demandions l'un et l'autre ce que c'était que *le temps*, non certes celui des horloges, non certes celui de Planck ou d'Einstein, mais le temps de la vie vraiment vécue.

Le *temps*, cet insaisissable, toujours évanoui, cet irréel surréel, ce songe habité par une éternité. Et, par des voies différentes mais convergentes, nous avons tous les deux conclu qu'il y a de l'*éternité* dans le temps de la vie présente, puisque, par la mémoire, on peut retrouver le moment intemporel. Mais le mystère du temps sera plus admirable encore après les funérailles : car pour vous, il y aura encore du temps (à l'état sublime, définitif) dans ce que nous nommons *éternité*.

Ayant cité le vers de Hugo « Il faut que l'herbe pousse et que les enfants meurent », vous écriviez : « Moi, je dis que les enfants meurent pour que l'herbe pousse, l'herbe drue des œuvres fécondes, non de l'oubli, mais de la vie éternelle. »

J'en viens à votre amour des petits, des pauvres, des humbles. Parfois, il surprend ceux qui supposent que vous vous borniez à dépeindre les grands.

Ce qui est le plus caché, le plus pur en vous, c'est l'esprit d'égalité entre les êtres, c'est cette balance qui vous rend sévère pour les aristocrates et ami de leurs domestiques, que vous ennoblissez.

Qui peut oublier celle que vous appelez Françoise et qui est Céleste Albaret (Céleste que j'ai connue dans sa retraite), celle qui vous a aidé à vivre et à mourir, celle qui écoutait tous vos soupirs, qui recueillit toutes vos paroles ?

Vous parlez d'elle avec tendresse. Vous notez sa distinction, sa noblesse. Et tandis qu'elle vous voit écrire, vous la voyez coudre et rapiécer. Comme toujours, chez vous où tout se reflète, les deux occupations s'éclairent l'une par l'autre.

Lorsque vous aviez douze ans, on vous avait demandé de décrire votre héroïne préférée. Et vous aviez répondu : *Une femme de génie ayant l'existence d'une femme ordinaire.*

« Céleste, lui disais-je, Céleste éclairez-moi : Comment expliquer que du "petit Marcel" ait surgi un génie ? » Et Céleste répondait : « Le petit Marcel a toujours su qu'il était le grand Proust. "Ma petite Céleste, me disait-il, Stendhal a dû attendre cent ans. J'attendrai vingt ans ; alors on me lira dans le métro." »

La fille du président de la République Félix Faure, qui se faisait appeler Lucie Félix-Faure, vous avait aimé, lorsqu'elle vous rencontrait aux Champs-Élysées, et que vous étiez un petit garçon. Les amours enfantines ont des joies et des chagrins qui contiennent l'essence de tout amour.

Lucie avait visité Jérusalem et le Calvaire. Et elle en avait rapporté un chapelet. Vous n'aviez pas refusé, Marcel, ce présent. Vous aviez mis le chapelet de Lucie dans votre tiroir. Et vous aviez dit à Céleste : « Lorsque je serai mort, vos beaux doigts enrouleront ce chapelet autour de mes doigts. Oh ! Jérusalem, comme j'eusse aimé te voir ! »

Votre frère ne permit pas à Céleste d'enrouler le chapelet. Il voulait que vous reposiez les deux bras étendus, pour que tous sachent que vous aviez travaillé jusqu'à la fin.

Lettre à Pascal

Cher Pascal,

En 1993, vous êtes plus actuel que jamais vous ne l'avez été. Car toute notre technique, notre vie quotidienne, notre vie publique, est fondée sur l'*informatique*.
L'informatique, c'est une machine à calculer. Et quel est celui qui a *pensé* la machine à calculer le premier, qui l'a fabriquée, et qui a projeté dans un mécanisme tout ce qui était avant elle dans l'intelligence seule ? C'est vous, Blaise Pascal, quand vous aviez à peine vingt ans.
Qu'est-ce qui domine toute la science moderne depuis 1900, c'est-à-dire depuis Max Planck, et depuis 1920, c'est-à-dire depuis Albert Einstein, depuis 1930, c'est-à-dire depuis

Louis de Broglie et la « mécanique ondulatoire » – sinon le calcul de la *probabilité* ? Or vous aviez eu le projet de créer une logique du probable, ce que vous appeliez *geometria aleæ*, « la géométrie de l'aléatoire ».

Qui a inventé le style sans style qui est le vrai style, la *parole* sans l'éloquence, le cri du cœur projeté sur le papier ? C'est encore vous.

Quel est le problème qui, de nos jours et plus que jamais, brûle et ravage le cœur des hommes, sinon le problème de la *foi* et de l'*incroyance* ? Plus que jamais l'humanité, à la fin du deuxième millénaire, se partage entre *croyants* et *incroyants*. Les agnostiques, qui étaient 3 000 000 en 1900 sont maintenant un milliard. Les athées, qui étaient 225 000 en 1900 sont 362 000 000 en 1993. Or, qui a posé le problème de la croyance et de l'incroyance plus que vous ?

Qui a posé plus que vous le problème de la double infinitude : de l'infini des astres et des galaxies qui se dispersent dans le vide immense, et de l'infini de petitesse (plus étrange encore), celui qui existe dans une goutte d'eau ?

De sorte que, actuel au dix-septième siècle, oublié au dix-huitième siècle (siècle des lumières), redécouvert au dix-neuvième siècle par Cousin et

Havet – qui étaient des incroyants –, votre véritable gloire, c'est demain qu'elle éclatera.

Votre vie fut un éclair. Et cet éclair s'est inscrit dans ma chair.
En juillet 1923, j'assistai aux fêtes qui célébraient à Clermont l'anniversaire de votre naissance. J'entendis l'abbé Bremond méditer sur votre « prière ». J'ai entendu Barrès célébrer « vos enfances ». Cela, dans cette ville noire et belle comme l'épouse du *Cantique* et qui vous ressemble par ses volcans éteints devenus pierres, pétrifiés comme l'est votre style dans ces étincelles ardentes sont des *pensées*.
D'autres liens m'attachent à cette ville de Clermont qui, en juin 1940, fut investie par l'armée allemande, et où je fus « fait prisonnier ». Cinq ans que j'ai passés avec vos *Pensées*.
Vint l'année 1962, tricentenaire de votre mort. Entre 1923 et 1962 – instant de trente-neuf ans –, je n'avais cessé de voir se déployer votre génie. Vous êtes mort de vieillesse, à l'âge où Copernic, Galilée, Newton, Broglie, Einstein et tant d'autres n'étaient pas vraiment nés.

Je cherche un mot, un seul mot, pour définir ce qui est en vous indéfinissable. Je ne trouve que le mot ÉPUISER. Quel que soit le sujet que vous abordiez, vous l'épuisiez. Vous le traitiez jusqu'à son fond, jusqu'à ses racines, jusqu'à ses ultimes conséquences.

Quand vous aviez dix ans, vous aviez, en frappant sur un verre avec votre couteau, découvert le mystère du son et de la résonance. A douze ans, vous aviez rédigé un traité des sons, où vous tentiez d'épuiser le mystère du son. De même pour la machine arithmétique. Lorsque, pour vos expériences sur la pesanteur de la masse d'air, vous avez fait l'ascension du puy de Dôme – afin de mesurer les différences de la hauteur du mercure dans un tube, fondant ainsi la thermodynamique –, vous en avez tiré « trois cents propositions ». Dans l'unique, vous logiez l'infini.

Tel était donc votre génie : *épuiser*. A tel point que vous vous êtes épuisé vous-même.

A trente-neuf ans, votre course semblait finie. Votre tâche était accomplie.

Vous aviez formé le projet d'écrire un livre : un livre qui résumerait tous les autres livres, un livre qui *épuiserait* le sujet qui vous tenait à cœur : le mystère de l'homme, et singulièrement de l'homme chrétien.

Ce livre des livres, cette Bible, vous alliez l'écrire. Épris de perfection, vous aviez composé les pages les plus belles. Sitôt écrites, vous les enfiliez sur des pointes, où elles se superposaient l'une l'autre.

Ce Livre parfait, vous n'avez pu l'écrire.

Alors le Livre parfait s'est brisé, comme se casse un moule. Il n'en a subsisté que des grains, des miettes, des poussières. Ce fut un bonheur.

Si vous aviez achevé ce livre, personne ne l'aurait lu. Les atomes, les germes, les grains, on les a recueillis comme des bijoux. Et combien d'hommes de ce temps – comme François Mauriac, comme Charles du Bos, comme Gabriel Marcel – ont dit que c'était (avec l'Évangile ou l'*Imitation*) le livre qui leur a parlé sans cesse pour les aider à vivre, et à mourir : le livre de la consolation.

Ces *Pensées* tenaient lieu de tout. Chaque jour, chaque soir, à chaque heure, à chaque épreuve, elles apportaient une divine consolation.

Voilà ce que vous m'avez donné, Pascal, grâce à ce subterfuge de la destinée qui a fait que vous n'avez pas eu le temps de faire ce que vous aviez voulu. Les débris de notre vie sont plus beaux que notre vie.

Que de fois, avec mes pinceaux, ai-je tenté de reproduire votre visage !

Je me suis d'abord servi de votre *masque*. Mais ce masque laissait paraître l'œuvre de la mort. Le bandeau autour de vos joues, l'affaissement du menton, le pli des lèvres, vos yeux clos. Ces yeux si fascinants et si mobiles, je tentai de les saisir dans la splendeur amère et douce de la mort.

J'ai cherché à les reproduire, ces yeux, en amande (et presque féminins), écarquillés par un excès d'attention : ces yeux dont on a pu dire qu'ils manifestent le génie, en même temps qu'ils intimident par une impression de détachement.

J'ai essayé de reproduire vos pommettes de grand malade, en même temps que vos lèvres avides, larges, voluptueuses ; votre nez, très long, nez médiéval, nez féodal. Vous ressembliez tantôt à une colombe, tantôt à un vautour.

On disait que vous étiez toujours à l'état de colère naissante, comme saint Marc le dit de Jésus. On évoquait votre humilité orgueilleuse.

Votre style lui-même est un cri. Il existe, au Musée de Riom, une toile que j'ai longuement regardée, qui vous représente « discutant avec vos contradicteurs ».

Mais, dans le portrait que j'ai fait de vous, vous êtes calme. Et ce portrait, je le garde toujours auprès de moi pour m'indiquer un reflet de votre génie, un rayon de votre amour et une caresse pour chaque peine de la vie.

Vous avez inventé ce qui est à mes yeux la plus parfaite classification des êtres. Vous distinguiez trois ordres de grandeur. L'ordre de la *chair* – et parmi ceux qui avaient excellé dans l'ordre de la chair, vous placiez Alexandre qui, en quinze années, avait changé la face du monde. Dans l'ordre de *l'esprit* – que vous mettiez bien au-dessus de la chair –, l'ordre de la découverte, l'ordre de la science, vous mettiez Archimède.

Et vous disiez que la distance infinie entre l'ordre de la chair et l'ordre de l'esprit *figurait* la distance infiniment plus infinie qu'il y avait entre l'ordre de l'esprit et l'ordre de la *charité*. Et, dans l'ordre de la charité, vous mettiez Jésus. Il y avait donc trois ordres, les deux premiers, séparés par un intervalle infini, étant eux-mêmes séparés du troisième par un intervalle infiniment infini.

Votre pierre d'achoppement, c'est le jansénisme. La religion janséniste était une religion sectaire, une religion qui avait redécouvert l'adorateur sans être baignée dans l'amour. Et je crois que cet emprisonnement de votre âme nous a privé de ce qu'il y avait de plus pur, de plus beau, de plus caché, de plus secret et de plus saint en vous.

Mais le caractère du génie est d'être au-dessus de ses erreurs. Vous n'étiez pas pascalien. Les génies portent leurs erreurs comme un habit troué. La beauté transparaît à travers les haillons. Votre génie était au-dessus de Pascal lui-même.

Vous avez épuisé le génie, l'amour, la foi. Vous avez voulu un jour tout résumer en un seul mot qui désigne la connaissance parfaite et pure. Je n'ai pas besoin de dire que c'était le mot *cœur*.

« C'est le cœur qui sent Dieu. »

Lettre à Teilhard de Chardin, jésuite

P_{ère,}

J'ai vécu à vos côtés pendant cinquante ans dans ce siècle sans analogue. Vous avez été pour moi comme un ange aux ailes immenses, aimé et redouté. Je vous sentais à la fois proche et lointain, comme le serait un frère contraire.

J'étais lié à vous d'abord par la similitude de nos deux familles. Nous appartenions l'un et l'autre à la bourgeoisie catholique, à la France auvergnate et à ses volcans éteints. Mon père avait deux frères, jésuites comme vous, Georges et Joseph, qui furent vos compagnons dans la Compagnie de Jésus.

Mes parents, qui étaient tous deux non conformistes, n'aimaient pas les jésuites. Ma mère, par sa tradition gallicane, un peu janséniste ; mon père, parce qu'il avait gardé un mauvais souvenir du collège jésuite où il avait été élève. Pour me soustraire à l'influence jésuite, mes parents avaient décidé en 1908 de me précipiter dans la laïcité, en m'inscrivant au lycée de Saint-Étienne. Mes oncles jésuites prévoyaient en moi un futur apostat...

Et vous, comme mon père, vous étiez né frondeur : mais un révolté soumis, un frondeur obéissant sans approuver.

Vous étiez né dans une famille historique. Votre mère, Berthe-Adèle de Dompierre d'Hormoy, était une arrière-petite-nièce de Voltaire. Cette parenté fut un obstacle au dix-neuvième siècle aux mariages de vos ascendants : on ne voulait pas mêler le sang Teilhard avec le sang de Voltaire.

Votre père (qui mesurait un mètre quatre-vingt-seize !) était ancien élève de l'École des chartes. Passionné d'archives, il représentait en face de vous le passé. Or vous détestiez le passé. Vous étiez toujours tendu vers ce qui n'est pas encore.

Souvent, vous m'avez conté votre vocation. En touchant un morceau de fer : vous avez compris qu'il n'y avait rien au monde de plus dur, de plus lourd, de plus consistant, de plus durable que la substance appelée *matière*. Quelquefois, vous aviez un désespoir d'enfant, parce que le fer se rouillait. Vous cherchiez des équivalents. Parfois, l'équivalent, c'était une flamme bleue, flottant sur les bûches. Souvent, c'était une pierre transparente et colorée, un cristal de quartz ou d'améthyste, un fragment de calcédoine, tel que vous en ramassiez sur le sol auvergnat.

Une mèche de cheveux s'enflamma devant vous. Rien ne subsista de cette mèche qu'un flocon noir, poudreux, évanescent. Vous avez pensé que le feu triomphait de tout, mais qu'il ne triomphait pas du fer.

Telle fut votre première expérience dans le domaine de la substance et de la disparition.

Toute ma vie, je n'ai cessé de vous visiter pour causer avec vous, recueillant votre message sans y adhérer.

Votre idée fondamentale était simple. Une espèce animale, me disiez-vous, dure vingt millions d'années. L'espèce de ce gorille savant et aimant qu'on appelle l'*homme* dure à peu près deux millions d'années. Quant au christianisme, il est né d'hier. Vous auriez aimé le mot de Mauriac : « Qui sait si nous ne sommes pas les premiers chrétiens ? »

Notre différence tenait à ce que nous n'avions pas la même unité de mesure. Pour connaître le christianisme, il faut le mesurer avec une unité. Cette unité pour vous était le million d'années, et non pas le petit décimètre usuel de mille ans.

Comment alors aurions-nous pu nous entendre ? Et pourtant, nous n'avons cessé de converser. Vos problèmes étaient mes problèmes : Dieu existe-t-il ? Jésus-Christ est-il un mythe ?

A vos yeux, plus on s'éloignera de l'origine chrétienne, si récente, plus le personnage historique appelé *Jésus* deviendra vague, confus, probablement douteux.

Le Jésus de l'avenir, ce ne sera pas Jésus, ce sera *le Christ*. Vous aviez l'idée de dévaluer Jésus pour « supervaluer » le Christ.

Une idée voisine (et qui est le fond de votre doctrine), c'est qu'une révolution radicale va demain se produire. Le Christ, qui va remplacer

Jésus dans le troisième millénaire, aura pour les contemporains plus de réalité. Comment ? Par l'ÉVOLUTION, qui fait resplendir l'accord nouveau de la Science et de la Foi. De sorte que la science de demain témoignera en faveur du Christ.

*
* *

En 1925, vous m'avez « prêché une retraite fermée », avec mes camarades de l'École normale. Je revois votre visage triangulaire, votre teint rose, vos yeux métalliques, vos lèvres en accent circonflexe. Je me rappelle votre élégance. Vous aviez le costume de l'homme du monde, en prenant le mot « monde » dans les deux sens : l'univers et la bonne compagnie... On sentait que vous aviez vos entrées partout, même en Dieu. Et vous sembliez sûr de votre postérité.

Vos homélies étaient différentes de ce que prêchaient les prêtres. Qu'est-ce que la messe, disiez-vous, sinon la *consécration* ? « Il m'est arrivé de dire la messe dans les déserts. Je prenais le désert, je l'offrais à Dieu. Je consacrais le cosmos. De même, lorsque vous faites une version latine, vous vous plongez dans le latin, et vous le consacrez en le faisant monter plus haut, comme une fumée d'agréable odeur. »

Vous nous avez étonnés bien davantage lorsque vous avez examiné les trois vœux des religieux : chasteté, pauvreté, obéissance. Vous disiez : « La pauvreté, cela ne consiste pas à vivre en haillons avec des habits déchirés – vous étiez toujours fort élégant –, cela consiste à s'enrichir, afin d'être magnanime par l'aumône. La chasteté, disiez-vous, consiste à reporter sur l'univers jusqu'aux étoiles la passion que l'on éprouve pour une créature. Et c'est ainsi que vous aimiez votre cousine Marguerite Teilhard Chambon, chez qui j'allais vous voir, en face de chez moi, à l'heure de vos passages. Quant à l'obéissance, elle consiste, lorsqu'on a un supérieur stupide, à mettre sa gloire à lui obéir *sicut cadaver*. Un cadavre, insistiez-vous, mais un cadavre insoumis.

Les philosophes se sont surtout intéressés à ce qu'ils appellent l'*être*. Vous, vous ne vous intéressiez guère à l'être. Plus importante que la notion d'être était pour vous la notion de *vie*. Par-dessus la vérité, il y avait la vie. La vie en tant qu'elle est le désir d'unir et d'être uni, *unire et uniri*. Le fond de l'être, c'est un effort de l'être vers l'unité parfaite que nous appelons Dieu, et qui se situe à la convergence de toutes les lignes.

« Je cherche partout à voir la complexité croissante, avez-vous écrit, la convergence des lignes d'évolution ; en somme je cherche toujours à voir la vie, qui pousse tout à gravir, à s'unir, à converger vers un point final (plus intéressant que le point initial, l'*alpha*) et que je nomme le *point omega*. Le passé ne m'intéresse guère. Il ne reviendra pas. Ce qui me passionne, c'est l'*avenir*, qui nous appelle et nous aspire. Je n'aime pas prononcer le mot d'*être*. Le mot que je lui substitue, c'est *unir, être uni*. »

Vous me paraissiez pareil à un pionnier, avançant dans la forêt sans laisser de traces. Mais un pionnier n'est pas un maître. C'est un prophète, et non pas un docteur.

Suspect de vos maîtres, trahi par vos disciples, étiez-vous « teilhardien » ? Pas plus que Descartes n'était cartésien. Moi, je vous jugeais *utopique*, au sens le plus noble du mot. Je n'étais pas « teilhardien » le moins du monde. Je me demandais, quand je vous avais écouté : « C'est plausible, c'est beau, c'est désirable. Est-ce vrai ? » J'étais à la fois enchanté et perplexe.

En vous quittant, je m'étonnais de vous trouver dégagé, désinvolte. J'avais envie de vous appliquer ce mot de Nietzsche : « Chez lui, la gravité et l'enjouement se tendent gracieusement la main. »

Je retiens surtout de vous cette idée que la théologie du Christ est encore à ses débuts. Plus la science accroît la connaissance du cosmos, plus elle montre l'immensité, l'intimité du Christ en qui tout sera, parce que tout est déjà en Lui. A mon maître, Monsieur Pouget, le cosmos était aussi, comme à vous, un manteau couvert d'étoiles, jeté sur les épaules d'un Dieu crucifié.

Dans un entretien que nous avions eu sur la mort, vous m'aviez dit que pendant la guerre de 1914, à Verdun, dans la boue et dans le sang, lorsque vous vous étiez trouvé face à face avec la mort *sur la ligne de feu*, vous aviez connu les joies suprêmes, celles dont vous aviez gardé la « nostalgie » : la proximité de la mort, la communauté entre vous et l'adversaire, l'impression d'être à la fin du temps. Et vous aviez écrit : « Tous les enchantements de l'Orient, toute la chaleur spirituelle de Paris, ne valent pas pour moi la boue de Douaumont. »

Vous m'aviez dit aussi, avec votre délicieux enjouement, que vous aimeriez mourir le soir de Pâques, « parce que c'était le jour de la Résurrection ».

Vous êtes mort à New-York, le 10 avril 1955. C'était le soir de Pâques.

Lettre à Louis Althusser

L ouis,

Nos vies se sont juxtaposées pendant ce siècle. Et, après avoir été le « disciple préféré », vous êtes devenu mon contraire.

Je me récite la *Nuit* de Musset, où le poète voit auprès de lui s'asseoir un « enfant vêtu de noir » qui lui ressemble comme un frère. Mais vous, vous êtes devenu un *frère ennemi*.

Quelle étrange amitié ! Elle eut pour symbole *Hélène*, qui vous a révélé le marxisme, alors que j'avais tenté de vous apprendre le christianisme. Le drame de notre temps (le drame de tous les temps...) s'est joué entre nous deux.

Car, lorsque vous m'avez présenté *Hélène* (celle que vous deviez étrangler), vous m'avez dit : « Il y a peut-être un abîme entre nos deux pensées. Il n'y aura jamais d'abîme entre nos deux cœurs. Mon appareil nerveux est fragile. A l'insu de tous, je suis parfois contraint de me cacher dans une clinique. Alors, je vous ferai signe : et vous viendrez.

Ce pacte fut respecté pendant plus de vingt ans.

Un jour, par hasard, je vins vous visiter à l'École normale, dont vous étiez le « caïman », c'est-à-dire le directeur occulte. « Vous tombez à pic, m'avez-vous dit du haut de votre pipe. Je me suis marié avec Hélène ce matin. Vous allez partager nos pommes de terre. »

Vous étiez alors devenu, avec Sartre, Foucault, Merleau-Ponty, un des oracles de la Philosophie. Lorsque vous parliez en Sorbonne, cinq cents jeunes buvaient vos paroles dans l'amphithéâtre Richelieu. Et on vous écoutait plus que ceux qui étaient demeurés des « professeurs », n'ayant pas *engagé* leur vie.

Et je vous demandais si l'orateur apôtre était le Louis Althusser que j'avais jadis aimé. Vous me répondiez : « Oui, c'est Althusser, mais ce n'est pas Louis. *Ce n'est pas moi.* »

Factus sum mihi magna quæstio, avait dit aussi saint Augustin. « Je suis devenu une grande énigme pour moi-même. »

Hélène vous rappelait sans cesse que vous deviez vivre non comme un « bourgeois » (un *salaud*, eût dit Sartre), mais comme un ouvrier pauvre. Et je vous avais présentés tous deux à une communauté des « religieuses du père de Foucauld », rue Thuillier, à côté de l'École. Elles avaient adopté Hélène.

Comment avez-vous étranglé Hélène ? Est-ce le hasard ? Ou, comme me l'a dit le maître qui vous soignait à l'hôpital Sainte-Anne, est-ce parce que vous aimiez Hélène d'un amour *absolu* ? Qui le saura jamais ! Ce que je sais, c'est que j'ai bondi rue des Saussaies (avec mon ami Bernard Billaud) pour dire que vous n'aviez pas l'équilibre mental. Et on vous dirigea sur l'hôpital Cochin, puis au Vésinet dans la clinique des « Eaux Vives ».

Je venais vous visiter, selon notre pacte. Et vous me disiez : « Je désirais le cloître. M'y voilà. »

Vous avez regagné votre appartement du XVIe arrondissement, rue Lucien-Leuwen (le héros de Stendhal). Dans votre bibliothèque, voisinaient sur le plus haut rayon les *Œuvres complètes* de Lénine et les *Œuvres complètes* de sainte Thérèse d'Avila. Vous m'avez dit : « Je veux les accorder. »

Et, comme vous aviez l'esprit efficace, vous m'avez demandé de vous présenter à Jean-Paul II. Le pape me dit : « Je connais l'œuvre d'Althusser. C'est un esprit essentiellement, terriblement *logique*. Il pousse ses idées jusqu'au bout. J'aime assez ça. Qu'il vienne me voir avec vous. »

Je savais ce que vous souhaitiez confier à Jean-Paul II : que le monde était entré, avec Hiroshima, dans un moment « apocalyptique », où tout pouvait se perdre, mais aussi où tout pouvait être sauvé. Et le monde serait sauvé si Jean-Paul II allait à Leningrad pour s'entretenir avec le président soviétique.

Les années passèrent. Et je ne vous ai plus visité. Je vous ai écrit. Voici un passage de ma dernière lettre, qui était un testament :

« Je n'avais pas le moins du monde prévu

que, pour la pensée, la foi, l'action, vous seriez un jour comme l'inverse de ce que je suis – ce qui constitue ce qu'on peut nommer l'ironie du sort.

» Et hier je vous ai vu avec ce même visage, mais sculpté, grave et toujours ce petit sourire malicieux, les cheveux d'or devenus d'argent. Mais j'avais les mêmes liens avec vous qu'il y a quarante ans. Si bien que je ne puis éviter de penser que nos deux destinées sont liées l'une à l'autre.

» Votre nature profonde est éprise d'absolu, de pur, et lorsque vous ne trouvez pas cet absolu, vous vous retirez en vous-même. Autrement dit, ni jadis, ni après, votre moi profond n'a été engagé. »

*
* *

Et maintenant, votre vie est achevée. Elle est devenue majestueuse, immobile, intemporelle, comme une *destinée*... Alors que ma vie est encore en suspens.

Je m'adresse désormais à un frère éternel, alors que je suis encore dans l'incertitude du temps inaccompli. C'est l'heure des aveux.

Puis-je vous confesser enfin ce que je n'ai jamais osé vous avouer quand vous étiez vivant : vous m'avez fait profondément souffrir. Parce que votre vie était un témoignage porté sur mon erreur. Vous étiez la preuve vivante, ardente et géniale, de mon erreur profonde.

Vous aviez été un apôtre zélé du christianisme : vous le connaissiez à fond. Et vous l'avez rejeté.

Ces cas de conversion totale et lucide sont pour vos nouveaux amis une bénédiction bien rare. Songeons à la conversion du plus grand apôtre, saint Paul, au milieu de son âge, sur le chemin de Damas.

Alors, nos rapports intimes ont changé. Votre tendresse pour moi était une aumône qui s'adressait seulement à mon cœur. Elle me plaisait, certes, mais aussi elle me faisait du mal. La place que me donnait votre cœur me comblait, mais elle me désespérait.

Désormais, notre amitié entre dans une nouvelle phase : nous sommes unis au-delà du temps dans la communion des vivants et des morts.

Vous allez revivre parmi nous dans une pièce de théâtre, courte et pathétique, qui met en scène le drame d'Hélène, dont je vous redis qu'il est le drame de ce temps-ci, et le drame de tous les temps : le duel de l'Amour et de la Mort.

L'auteur de cette pièce est venu me voir, et il m'a demandé de reproduire vos gestes, votre accent, votre désinvolture, votre manière d'être...

Je n'aurai pas le courage d'aller vous voir sur la scène. Vous habitez dans mon âme, et cela suffit pour moi.

A mon double

Il m'arrive de me dédoubler, de tenter de me voir dans l'avenir, ainsi qu'en un miroir obscur.

Comme tout ce qui se déploie dans l'histoire, la philosophie est semblable à un être qui passe de l'enfance à l'adolescence, et de la maturité à la vieillesse. Mais la vieillesse, au lieu d'être l'âge de la dissolution, devrait être l'âge de l'*intégration*.

Fausse querelle que celle qui oppose tradition et progrès ! La tradition, c'est le progrès d'hier. Le progrès, c'est la tradition de demain. Il s'agit de ne pas pourrir, mais de mûrir. Mûrir, c'est intégrer, c'est *approfondir*, c'est *sublimer* ce qui a été dit avant nous.

Par conséquent, tu dois te préparer à être un embryon, un être pas encore né, un *fossile du futur*.

Je considère qu'Aristote et ses successeurs ont eu raison de répéter sous mille formes ce que Lachelier au siècle dernier formulait ainsi : « Le monde est une pensée qui ne se pense pas, suspendue à une pensée qui se pense. »

A toi, philosophe, d'exprimer ce que les maîtres ne peuvent pas dire, mais ce qui demeure présent dans l'inconscient collectif.
Alors tu pourras citer ce texte du plus lucide adversaire du christianisme, Feuerbach :

L'homme ne sera heureux que lorsqu'il aura tué le christianisme, qui l'empêche d'être homme.
Et ce n'est pas par la persécution qu'on tuera le christianisme : car une persécution nourrit.
C'est par la cinquième colonne, par la transformation interne et irréversible du christianisme en athéisme humain, avec l'aide des chrétiens eux-mêmes, illuminés par une fausse charité.

Paris

Je suis un provincial. Et j'ai toujours su que pour être digne du nom de Français, il me faudrait un jour « monter à Paris ».

La raison cachée qui m'a fait aimer cette ville de Paris (dont j'avais tant rêvé), c'est sa couleur.
Elle n'était pas noire, comme Saint-Étienne, ma ville natale. Elle n'était pas blanche. Elle était grise. Mais d'un gris pensif, d'un gris pensant, qui pendant des siècles a fixé la lumière. Malraux est venu et il a changé la couleur de Paris, qui est devenue éblouissante. Je préférais Paris avant ce magicien.

Si Paris me paraît la Ville unique au monde, c'est parce que, à Paris, on ne peut contempler que

Paris. Ailleurs l'attention est séduite tantôt par un port, tantôt par un fleuve (par deux fleuves, comme à Lyon). Et s'il y a des montagnes à Paris, comme l'indique l'étymologie de Montmartre et de Montparnasse, elles sont absorbées. Quant aux tours colossales venues d'Amérique, il faudra bien du temps pour qu'elles soient assimilées par le paysage. Il n'y a donc rien à Paris qui porte le regard sur un estuaire, sur un port, sur des collines. Il y a seulement la courbe de la Seine, l'île de la Cité, qui sont semblables au sourire d'un visage tranquille. Paris est femme, (comme la Joconde), présente sous forme de pierre.

Je n'aime Paris qu'à l'automne. L'automne est le véritable printemps de Paris. Alors je savoure à Paris je ne sais quelle mélancolie qui me pousse à écrire et à peindre.
Paris est pour moi la Ville unique au monde.

Dernière lettre

J'ai fait, l'an passé, une exposition de peinture, dont le thème était la femme. La femme éternelle. J'avais appelé cette exposition « La femme, Ève et Marie ». J'ai fait figurer Ève et Marie, la femme pécheresse et la femme immaculée, et je les ai réunies sous la houlette de la « femme éternelle », celle qui, selon Goethe, nous tire vers les Cieux.

Parmi les toiles, les aquarelles, les gouaches qui étaient exposées, celles que je préfère ce sont celles que j'ai faites sans les avoir achevées. Car la difficulté, pour moi du moins, dans la peinture, c'est de m'évader d'une œuvre inachevée, celle qui conserve encore certaines lacunes, une sorte d'innocence.

L'éditeur Bernard Grasset, qui s'essayait à peindre, se faisait conduire par son chauffeur dans les environs de Paris. Il me racontait que ce chauffeur, le voyant s'acharner sur une toile, lui disait : « Ah ! Que Monsieur s'arrête de la chatouiller ! »

Et moi, hélas ! je chatouille trop mes dessins ; je chatouille trop les lettres que je vous écris. Et pour que je m'arrête de les chatouiller, il faut que je n'achève pas.

Et comme je comprends Churchill, qui aimait la peinture quand elle était abandonnée, comme une bataille dont on ne sait si elle est gagnée ou perdue.

J'aime cette prière que faisait Churchill avant sa mort et qui m'a été racontée par sa fille, Mrs Soames. Il disait qu'il demanderait à Dieu de peindre pendant les premiers millénaires de son existence céleste. Et qu'il ferait à Dieu cette seule prière : « Ô mon Dieu, puisque dans mes ébauches, j'ai figuré des objets célestes, permettez-moi pendant mille ans de peindre ces choses de la Terre que j'ai tant aimées. »

Post-scriptum

Me voici arrivé à la fin de mon parcours.

Je suis pareil à un embryon dans l'utérus de sa mère, qui se poserait d'insolubles problèmes.
« A quoi servent ces mains qui n'ont rien à palper ? Ces poumons qui n'ont rien à respirer ? Ces yeux qui n'ont rien à voir ? »

Et il me semble entendre Jean, l'auteur de l'*Apocalypse*, me répondre :
NONDUM APPARUIT QUID ERIMUS
Ce que nous serons n'a pas encore paru.

« Je n'ai pas vieilli, disait Lacordaire. J'ai seulement connu plusieurs jeunesses successives. »

Me voici à la dernière jeunesse : jeunesse sans jeunesse, jeunesse sans avenir.

Comme l'existence humaine à travers les âges de la vie est une suite de métamorphoses, j'espère que mon ultime jeunesse se *transformera* mystérieusement après le grand passage, – et, cette fois-ci, pour toujours.

Une dernière fois, je relis ces lettres. Presque tous mes correspondants sont morts...

Le désir d'être écouté, compris, et la crainte d'être livré à l'indiscrétion m'ont souvent tourmenté. Mais j'ai l'espoir secret de trouver parmi mes lecteurs inconnus des amis dont j'ignorerai toujours le visage.

Le poète latin Martial avait écrit
à la fin d'un de ses livres :

SUNT BONA
SUNT QUÆDAM MEDIOCRA
SUNT MALA PLURA
ALITER NON FIT LIBER

Il y a ici de bons passages
Il y en a aussi de médiocres
Et il y en a beaucoup qui ne valent rien
Mais il en est ainsi pour tous les livres

TABLE

Préface 9
Le livre et l'écran 15
Lettre à ma mère 19
A un amoureux des jardins 29
Lettre au peintre 33
Lettre à mon ange gardien 41
Lettre à un homme riche 47
Lettre à un ami allemand 51
Lettre au pape Jean-Paul II 57
Lettre à la reine Fabiola 61
Lettre au désespéré 67
Lettre au petit enfant 73
Lettre à la courtisane 79
Lettre au communiste 83

A l'abbé Binon, curé de Lupersat 87
Éloquence 93
A la vieille dame du quai Conti 97
Lettre au journaliste 103
Lettre à Armstrong 107
Vapeur et poésie 111
A celui que l'on prend pour un « imbécile » ... 115
Lettre à mon médecin 119
Lettre à l'acteur 125
Lettre à un petit chien 129
Lettre à un raseur 133
Lettre à ma femme 137
Dernière visite 147
Lettre à mes confesseurs 151
Lettre au pape sur le sacerdoce....................... 157
Lettre à la femme qui porte un enfant 165
Lettre à Marthe Robin 171
Le mystère féminin 179
A la princesse lointaine 182
Lettre à Colette 185
Lettre à Odette Pinton 193
A la fille que je n'ai pas eue 199
Lettre à Marcel Proust 203
Lettre à Pascal 211
Lettre à Teilhard de Chardin, jésuite 219

Lettre à Louis Althusser 229
A mon double 237
Paris 239
Dernière lettre 241
Post-scriptum 243

Cet ouvrage a été réalisé par la
SOCIÉTÉ   NOUVELLE   FIRMIN-DIDOT
Mesnil-sur-l'Estrée
pour le compte des Éditions Payot
en décembre 1993

Imprimé en France
Dépôt légal : novembre 1993
N° d'impression : 25671